KB063423

신경숙 박사의

스포츠중국어
体 育 汉 语

신경숙 박사의

스포츠중국어
体 育 汉 语

초판 1쇄 발행 2021년 9월 13일

지은이 신경숙
펴낸이 이진옥
표지 및 본문 디자인 배진희

펴낸곳 도서출판 삼인행
주 소 서울시 영등포구 경인로82길 3-4 센터플러스 616호
전 화 02-2164-3014
팩 스 02-2164-3020
등 록 2017년 4월 1일 제2017-000049호
홈페이지 www.saminhaeng.com

ISBN 979-11-90370-04-2 (13720)
정 가 15,000원

ⓒ 신경숙, 2021

저작권법에 의해 보호를 받는 저작물이므로 무단 복제 및 무단 전재를 금합니다.
잘못된 책은 구입처에서 교환해 드립니다.
책값은 뒤표지에 표시되어 있습니다.

도서출판 삼인행 블로그 http://blog.naver.com/saminhaeng2017

이 책에 대한 의견이나 잘못된 점을 도서출판 삼인행의 홈페이지와 블로그로 알려
주시면 도서 제작에 적극 반영하도록 하겠습니다.
책으로 펴내고 싶은 원고를 〈홈페이지 원고 투고란〉으로 보내 주세요.
도서출판 삼인행은 독자와 저자와 출판사가 함께 만들어 가는 광장이 되겠습니다.

신경숙 박사의

스포츠중국어
体育汉语

신경숙 지음

前言

★ ★

　　中韩两国文化渊源深厚，自1992年建交以来，两国各方面关系均获得长足发展，其中体育的交流与合作同样日益频繁。两国都举办过奥运会、亚运会等国际赛事，两国的观众到彼此的国家观看比赛也成了家常便饭。同时随着体育运动的国际化和市场化，两国运动员、教练员的交流互访，乃至参加外国的俱乐部也成了常态。另外，两国的留学生出国以后也希望参加体育锻炼。但是由于语言的障碍，两国的观众、运动员、教练员和留学生们都或多或少地遇到一些不便。

　　为此，申京淑院长主持编写了《体育汉语》一书，希望为两国国民们提供便利。本教材的适用者为中高级汉语能力的学员，在编写上注重实用性，每课主要分为三个部分，包括生词、情境对话和阅读材料。主要目的是让读者了解各项体育运动的各种术语，具备对相关话题进行讨论的能力，同时也能学到该运动的相关知识。

　　本书的编写得到了李华老师、柴梅老师、吴梦楠老师、崔温柔老师的大力协助，在此一并致谢！

머리말

★ ★ ★

한국과 중국 두 나라는 문화적으로 뿌리가 깊고, 1992년 한중수교 이후, 양국 관계가 모두 발전한 가운데, 그중 스포츠의 교류와 협력도 활발해지고 있습니다. 양국은 올림픽, 아시안 게임 등 국제대회를 치렀고, 양국 관중이 서로의 나라를 찾아 경기를 관람하는 일도 다반사가 되었습니다. 스포츠의 국제화와 시장화로 양국의 선수, 코치의 교류는 물론 외국 클럽 참가도 일상화됐습니다. 또한, 양국 유학생들은 외국에 나가서도 운동을 하고 싶어 합니다. 하지만 언어 장벽 때문에 양국 관중과 선수, 코치, 유학생들이 다소 불편을 겪고 있습니다.

이를 위해 신경숙 박사가 '스포츠 중국어'라는 책을 집필하였고, 이 책이 양국 국민들에게 편의를 제공하기를 바랍니다. 이 교재의 학습자는 중·고급 중국어 능력의 수강생으로, 집필에 있어 실용성을 중시했으며, 각 단원은 크게 세 부분으로 나누어지며 새 단어, 상황 대화, 읽기 자료를 포함하고 있습니다. 가장 큰 목적은 독자들에게 스포츠의 다양한 용어를 이해시키고, 관련 주제에 대해 토론할 수 있는 능력을 갖추게 하며, 스포츠에 대한 지식도 배울 수 있도록 한데 있습니다.

마지막으로 이 책이 출판되기까지 물심양면으로 도와주신 리화 선생님, 차이메이 선생님, 우멍난 선생님, 최온유선생님께 머리숙여 감사의 말씀을 드립니다!

目录 목차

★ ★ ★ ★

신경숙 박사의

스포츠중국어
体育汉语

신경숙 지음

美英是一名到中国留学的韩国学生，平时非常喜欢体育锻炼。在中国她认识了张明——体育大学的学生，两个人成了好朋友。

미영은 중국에 유학 온 한국 학생으로 평소 운동을 매우 좋아한다. 중국에서 그녀는 체육대학 학생인 장밍을 알게 되어 좋은 친구로 지내고 있다.

看奥运
第一章
제1장
올림픽 보기

生词

奥运会	ào yùn huì	[명사] 올림픽 대회.
谈论	tán lùn	[동사] 담론하다. 논의하다.
请教	qǐng jiào	[동사] 지도를 바라다. 가르침을 청하다.
相互	xiāng hù	[부사] 서로. 피차.
鸟巢	niǎo cháo	[명사] 새둥지. 니아오챠오.

[베이징 올림픽 주 경기장의 별명. 외형이 새집처럼 생겼으므로 붙여진 이름.]

场馆	chǎng guǎn	[명사] 운동장과 체육관.

金牌 jīn pái	[명사] (운동 경기 따위의) 금메달.
梦想 mèng xiǎng	[명사] 꿈. 소원.
项目 xiàng mù	[명사] 항목.
自豪 zì háo	[동사] 스스로 긍지를 느끼다. 자랑으로 여기다.
田径 tián jìng	[명사] 육상경기.
游泳 yóu yǒng	[명사/동사] 수영(하다).
滑雪 huá xuě	[명사/동사] 스키(하다).
滑冰 huá bīng	[명사] 스케이팅.
雪橇 xuě qiāo	[명사] 스켈레톤.
冰球 bīng qiú	[명사] 아이스하키.
冰壶 bīng hú	[명사] 컬링.
开幕式 kāi mù shì	[명사] 개막식.
闭幕式 bì mù shì	[명사] 폐막식.
花样滑冰 huā yàng huá bīng	[명사] 피겨 스케이팅.

对话

(北京, 国家体育场)
(베이징, 국립 경기장)

美英 : 张明, 我们有好久没见了, 真高兴又见到你了!
장명아, 오랜만에 보네. 다시 만나서 정말 반가워!

张明 : 你好啊, 美英, 为什么约我在这里见面呢?
안녕. 미영아, 왜 여기서 만나자고 했어?

美英 : 最近, 听到很多人都在谈论北京2022年的奥运会。

요즘 많은 사람들이 베이징 2022년 올림픽 얘기를 많이해서.

张明 : 对, 再有几个月, 奥运会就开始了, 这可是北京的一件大事!

맞아, 이제 몇 개월만 있으면 올림픽이 시작돼. 이건 정말 북경의 큰일 중 하나지!

美英 : 所以, 我有很多问题, 想请教一下你这个体育专业的高材生呢!

그래서, 내가 많은 질문이 있어. 체육 전공의 재능 있는 학생인 너에게 좀 가르침을 청하고 싶어.

张明 : 唉呀, 请教可说不上, 咱们相互学习吧! 我倒很愿意和你这个体育迷一起聊聊呢!

아이고, 가르침을 청하기는 그렇고, 우리 서로 공부하자! 나는 너와 같은 스포츠 팬과 함께 이야기하고 싶어!

美英 : 那, 咱们边走边说, 怎么样?

그러면 가면서 얘기할까?

张明 : 好啊, 我先来考考你, 这个地方叫什么?

좋아. 내가 먼저 테스트 해볼게. 이곳 이름이 뭐야?

美英 : 这不是太简单了, 这是鸟巢啊, 就是国家体育场。它的外型太特别了。

그거 참 쉽지 않아. 이것은 니아오챠오야. 바로 국가의 체육관이야. 외관이 매우 특이해.

张明 : 那里呢?

거기는?

美英 : 国家游泳中心, 又叫水立方。因为它特别像一个巨大的水箱。

　　国가수영센터이고, 일명 워터큐브라고 해. 매우 거대한 물탱크 같기 때문이야.

张明 : 嗯, 回答正确。这都是上一次北京奥运会的场馆。

　　응, 맞아. 이것은 모두 지난번 베이징 올림픽 때의 경기장이야.

美英 : 现在这里是北京的旅游景点了, 每天都有很多人来这里。

　　현재 이곳은 베이징의 관광 명소야. 매일 많은 사람들이 이곳에 와.

张明 : 那我再问你, 上一次北京奥运会是在哪一年, 你知道吗?

　　그럼 다시 물어볼게, 저번 베이징 올림픽이 몇 년도 였는지 알고 있어?

美英 : 这个, ———————, 唉呀, 我真不知道。

　　저거, 아이고, 나 정말 모르겠어.

张明 : 是2008年。那一年是第29届奥运会。

　　2008년이야. 그해가 제29회 올림픽이었어.

美英 : 2008年, 你那时还小着呢。

　　2008년, 넌 그때 어렸지.

张明 : 不错, 我那时还在上小学, 但我记得可清楚了。

　　맞아, 나는 아직 초등학교에 다니고 있었지만 기억은 또렷해.

美英 : 那次奥运会, 中国拿了多少块金牌?

　　그때 올림픽에서 중국은 몇 개의 금메달을 땄어?

张明 : 拿了51枚金牌, 是金牌最多的国家。

　　51개 금메달로 가장 많이 금메달을 딴 나라야.

美英 : 你那个时候也喜欢看比赛吗?

넌 그때도 경기 보는 것을 좋아했어?

张明 : 我就是从那届北京奥运会以后, 才开始喜欢上了体育运动。

난 바로 그 북경 올림픽 이후에 비로소 체육 운동을 좋아하기 시작했어.

美英 : 噢, 怪不得你现在又上了体育大学, 是不是也想参加奥运会啊?

오, 어쩐지 너도 이제 체육대학을 다니게 되었구나, 올림픽에도 나가고 싶지 않아?

张明 : 那当然, 参加奥运会, 可是我最大的梦想!

그럼, 올림픽에 나가는 것은 나의 가장 큰 꿈인걸!

美英 : 我觉得你一定行!

넌 꼭 될 것 같아!

张明 : 好了, 不说我了。现在, 该你问问题了。

좋아, 내 얘기는 그만할게. 이제 네가 문제를 물어볼 차례야.

美英 : 我想知道, 2022年北京奥运会有哪些项目? 和2008年的奥运会一样吗?

2022년 베이징 올림픽에는 어떤 종목이 있는지 궁금해. 2008년 올림픽과 같아?

张明 : 当然不一样, 区别很大。因为2008年北京奥运会是夏季奥运会, 而2022年北京奥运会是冬季奥运会。

물론 다르고, 차이가 매우 커. 2008년 베이징 올림픽은 하계 올림픽이고, 2022년 베이징 올림픽은 동계 올림픽이기 때문이야.

美英 : 是这样啊, 北京真了不起, 既举办过夏季奥运会, 又要迎来冬季奥运会。

그렇군. 베이징은 정말 대단해. 하계 올림픽도 치르고, 동계 올림픽도 치르고.

张明 : 是呀, 作为一个中国人, 真的很自豪呢!

맞아. 중국인으로서 매우 자랑스러워.

美英 : 还有, 马上就要到来的第32届奥运会——东京奥运会也是夏季奥运会。

게다가, 곧 다가오는 제32회 올림픽인 도쿄 올림픽도 하계 올림픽이야.

张明 : 对, 夏季奥运会的比赛项目比较多。比如, 这次东京奥运会的比赛项目就有33个大项, 339个小项。比如球类, 田径, 游泳等等。

맞아, 하계 올림픽은 종목은 비교적 많아. 예를 들어 이번 도쿄 올림픽의 경우 종목만 33개 종목, 339개 세부 종목이 있어. 예를 들면 구기, 육상, 수영 등등.

美英 : 那冬季奥运会的项目是不是没有那么多?

동계 올림픽 종목은 그렇게 많지는 않지?

张明 : 对, 冬季奥运会的项目都与冰雪有关。主要有滑雪、滑冰、雪橇、冰球和冰壶。这次北京冬奥会有7个大项, 15个分项, 109个小项。

응, 동계 올림픽의 종목은 모두 빙설과 관련이 있어. 스키, 스케이트, 스켈레톤, 아이스하키, 컬링이 주를 이뤄. 이번 베이징 동계 올림픽은 7개 종목, 15개 종목, 109개 세부 종목이 있어.

美英 : 那冬奥会也在鸟巢举办吗?

동계 올림픽도 니아오챠오에서 열려?

张明 : 冬奥会的开幕式和闭幕式都会在鸟巢举办。

동계 올림픽 개막식과 폐막식은 모두 니아오챠오에서 거행될 거야.

美英 : 水立方呢?

워터큐브는?

张明 : "水立方"呀, 到时就会变身为"冰立方"了, 会在这里进行冰壶项目的比赛。另外, 还有很多其它的比赛场馆。

'워터큐브'는 그때 가서 '아이스큐브'로 바뀌고, 컬링 항목의 경기를 여기서 진행해. 이 밖에도 다른 경기장이 많아.

美英 : 能在自己的国家看比赛, 你一定很高兴吧?

본인의 국가에서 경기를 볼 수 있어서 매우 기쁘지?

张明 : 当然了, 我一定会到现场去看比赛的。

물론이지, 반드시 현장에 가서 경기를 볼 거야.

美英 : 我也很期待呢, 我特别爱看花样滑冰。那我们约定一起看比赛好吗?

나도 기대돼. 나도 특히 피겨 스케이팅을 좋아해. 그럼 우리 같이 경기 보기로 약속할까?

张明 : 好啊! 一言为定!

좋아! 꼭 그렇게 하기로 결정하자!

奥林匹克运动会

奥林匹克运动会, 是国际奥林匹克委员会主办的世界规模最大的综合性运动会, 每四年一届, 是世界上影响力最大的体育盛会。

奥运会分为夏季奥林匹克运动会、夏季残疾人奥林匹克运动会、冬季奥林匹克运动会、冬季残疾人奥林匹克运动会等项目。

历届奥运会举办地

届数	赛事名称	举办国家	主办城市	举办时间
第01届	1896年雅典奥运会	希腊	雅典	1896年
第02届	1900年巴黎奥运会	法国	巴黎	1900年
第03届	1904年圣路易斯奥运会	美国	圣路易斯	1904年
第04届	1908年伦敦奥运会	英国	伦敦	1908年
第05届	1912年斯德哥尔摩奥运会	瑞典	斯德哥尔摩	1912年
第06届	1916年柏林奥运会	德国	柏林	(由于一战原因停办)
第07届	1920年安特卫普奥运会	比利时	安特卫普	1920年
第08届	1924年巴黎奥运会	法国	巴黎	1924年
第09届	1928年阿姆斯特丹奥运会	荷兰	阿姆斯特丹	1928年
第10届	1932年洛杉矶奥运会	美国	洛杉矶	1932年
第11届	1936年柏林奥运会	纳粹德国	柏林	1936
第12届	1940年东京奥运会	日本	东京	(由于二战原因停办)
第13届	1944年伦敦奥运会	英国	伦敦	(由于二战原因停办)

届数	赛事名称	举办国家	主办城市	举办时间
第14届	1948年伦敦奥运会	英国	伦敦	1948年
第15届	1952年赫尔辛基奥运会	芬兰	赫尔辛基	1952年
第16届	1956年墨尔本奥运会	澳大利亚	墨尔本	1956年
第17届	1960年罗马奥运会	意大利	罗马	1960年
第18届	1964年东京奥运会	日本	东京	1964年
第19届	1968年墨西哥城奥运会	墨西哥	墨西哥城	1968年
第20届	1972年慕尼黑奥运会	联邦德国	慕尼黑	1972年
第21届	1976年蒙特利尔奥运会	加拿大	蒙特利尔	1976年
第22届	1980年莫斯科奥运会	苏联	莫斯科	1980年
第23届	1984年洛杉矶奥运会	美国	洛杉矶	1984年
第24届	1988年汉城奥运会	韩国	汉城	1988年
第25届	1992年巴塞罗那奥运会	西班牙	巴塞罗那	1992年
第26届	1996年亚特兰大奥运会	美国	亚特兰大	1996年
第27届	2000年悉尼奥运会	澳大利亚	悉尼	2000年
第28届	2004年雅典奥运会	希腊	雅典	2004年
第29届	2008年北京奥运会	中国	北京	2008年
第30届	2012年伦敦奥运会	英国	伦敦	2012年
第31届	2016年里约热内卢奥运会	巴西	里约热内卢	2016年
第32届	2020年东京奥运会	日本	东京	2021年

<h2 style="text-align:center">夏季奥运会竞赛项目</h2>
(2020东京奥运会项目)

2020年东京奥运会共设33个大项，339个小项比赛。新增滑板、冲浪、攀岩、棒垒球和空手道5个大项。

33个大项是

1. 水上运动：花样游泳、跳水、游泳、水球	18. 空手道
2. 射箭	19. 现代五项
3. 田径	20. 赛艇
4. 羽毛球	21. 七人制橄榄球
5. 棒球/垒球	22. 帆船
6. 蓝球	23. 射击
7. 拳击	24. 滑板
8. 皮划艇	25. 攀岩
9. 自行车	26. 冲浪
10. 马术	27. 乒乓球
11. 击剑	28. 跆拳道
12. 曲棍球	29. 网球
13. 足球	30. 铁人三项
14. 高尔夫	31. 排球
15. 体操	32. 举重
16. 手球	33. 摔跤
17. 柔道	

第二章
제2장

什么健身运动好呢
어떤 운동을 하면 좋을까

생词

最近 zuì jìn	[명사] 최근. 요즈음. 근래.
根本 gēn běn	[명사] 근본. 기초.
穿衣原则 chuān yī yuán zé	옷 입는 원칙
遮住 zhē zhù	[동사] 막다. 가리다.
管住嘴, 迈开腿 guǎn zhù zuǐ, mài kāi tuǐ	입조심하고, 다리를 움직여야 한다.
针对性 zhēn duì xìng	[명사] (목표) 지향성. 목적성.
锻炼 duàn liàn	[동사] (몸과 마음을) 단련하다.
体能 tǐ néng	[명사] 체능.
作为 zuò wéi	[개사] …의 신분[자격]으로서.
专业人士 zhuān yè rén shì	[명사] 전문가. 전문 인력. 전공자.
健身房 jiàn shēn fáng	[명사] 체육관. 헬스장.
器械 qì xiè	[명사] 기계. 기구.
事半功倍 shì bàn gōng bèi	[성어] 적은 노력으로 많은 효과를 거두다.
一对一 yī duì yī	[부사] 1대1. 개별적으로.
私教课 sī jiào kè	[명사] 개인 교습.

嫌弃 xián qì		[동사] 싫어하다.
塑胶跑道 sù jiāo pǎo dào		[명사] 합성 고무 육상 트랙. 타탄 트랙.
偷懒 tōu lǎn		[동사] 게으름 피우다. 꾀부리다.
彼此 bǐ cǐ		[대명사] 피차. 상호. 서로.
监督 jiān dū		[동사] 감독하다.
要不然 yào bù rán		[접속사] 그렇지 않으면.
轻便 qīng biàn		[형용사] (무게와 크기가 작아) 간편하다. 편하다.
脚踝 jiǎo huái		[명사] 복사뼈.
步行街 bù xíng jiē		[명사] (차량 통행이 금지된) 보행자 거리.
品牌 pǐn pái		[명사] 상표. 브랜드.
运动装备 yùn dòng zhuāng bèi		[명사] 운동 장비.
专业 zhuān yè		[형용사] 전문의. 직업의.
样式 yàng shì		[명사] 스타일.
时髦 shí máo		[형용사] 최신식이다. 유행하다.
气囊 qì náng		[명사] 공기주머니.
缓冲减震 huǎn chōng jiǎn zhèn		충격을 완화 시키다.
鞋底 xié dǐ		[명사] 구두 밑바닥. 신발 밑바닥.
结账 jié zhàng		[동사] 회계하다. 계산하다.

对话

美英 : 唉! 我最近吃得太多了, 长胖了5公斤。这里真的太多好吃的了, 根本忍不住, 这样下去可怎么办呀?

아! 요즘 너무 많이 먹어서 5킬로그램이나 살쪘어. 여기는 정말 맛있는 게 너무 많아서 도저히 참을 수가 없어. 이러다간 어떡해?

张明 : 我怎么没看出来你胖了?

　　나는 어떻게 네가 뚱뚱한 지 모르겠지?

美英 : 长胖的话, 我最先胖的地方就是腰和大腿, 所以我现在的穿衣原则就是要遮住腰和大腿。可是这样下去也不是办法, 我得开始减肥了。

　　살이 찌면 제일 먼저 찌는 곳이 허리와 허벅지이기 때문에, 지금 옷을 입을 때, 허리와 허벅지를 가려야 해. 하지만 이대로 가는 것도 방법이 아니야. 나는 다이어트를 시작해야겠어.

张明 : 你这身材减什么肥啊! 不过要是真的想减肥的话, 最重要的就是"管住嘴, 迈开腿"。

　　너 이 몸매로 무슨 다이어트를 해! 하지만 실제로 살을 빼고 싶다면 가장 중요한 것은 '입조심하고, 다리를 움직여야 한다'는 거야.

美英 : 哈哈! 我也听说过这句话, 不过中国这么多好吃的, "管住嘴"可真的太难了, 那我就尽量"迈开腿"吧!

　　하하! 나도 그 말을 들은 적이 있지만, 중국에 이렇게 맛있는 것이 많은데, 입조심은 정말 너무 어려워. 그러면 나는 가능한 한 다리를 움직여야겠어!

张明 : 那你打算怎么做呢?

　　그럼 어떻게 할 거야?

美英 : 我想针对性地锻炼我的腰部和腿部, 还想提高一些体能。你作为专业人士, 有什么好的建议吗?

　　나는 허리와 다리를 단련을 목표로 하고, 체력도 좀 더 끌어올리고 싶어. 너는 전문가로서 좋은 의견이 있어?

张明：想要针对性地锻炼的话，最好的办法就是去健身房，需要器械的帮助和专业的指导才能事半功倍。

맞춤형으로 운동하려면, 가장 좋은 방법은 헬스장에 가는 거야. 기구의 도움과 전문적인 멘토링이 있어야 적은 노력으로 많은 효과를 거둘 수 있어.

美英：可是一对一的私教课真的很贵呢!

그런데 일대일 개인 교습은 정말 비싸!

张明：确实挺贵的。要不然你和我一起去健身房吧？

정말로 매우 비싸. 아니면 나랑 같이 헬스장에 가지 않을래?

美英：你经常去健身房吗？

넌 자주 헬스장에 가니?

张明：我基本每天都会去健身房，不嫌弃的话，我可以给你提供一些指导。

나는 거의 매일 헬스장에 가. 싫지 않다면 약간의 지도를 해줄 수 있어.

美英：真的吗？那太好了。不过还是挺不好意思的，感觉很麻烦你呢。

정말? 그럼 매우 좋지. 그래도 여전히 너를 귀찮게 한 것 같아서 미안해.

张明：没关系的，刚好对于我来说也是个锻炼嘛!

괜찮아, 마침 나한테도 운동이잖아!

美英：那就太感谢你啦! 有时间的话我请你吃饭吧!

그럼 정말 고마워! 시간 있으면 내가 밥 살게!

张明：不用这么客气的! 对了，我和几个同学每天都会去学校后门的塑胶跑道上跑步，你要加入吗？你不是还想提高体能吗？跑步可是非常不错又简单的方式呢。

별말씀을! 맞다, 나랑 몇몇 학생들은 매일 학교 후문 합성 고무 육상 트랙에서 달리기를 하는데, 너도 참가할래? 너 체력 향상시키고 싶다고 하지 않았어? 달리기는 정말 좋고 쉬운 방식이야.

美英：真的可以加入吗？太好了。一个人跑步的话总是想偷懒，应该怎么感谢你才好呀！

정말 참가할 수 있어? 너무 좋아. 혼자 뛰면 자꾸 게으름을 피우려고 해. 너에게 어떻게 감사해야 좋을까!

张明：你太客气了，人多不是也比较热闹吗？大家可以彼此监督。

너무 겸손해, 사람이 많으면 비교적 활기가 넘치지 않아? 모두 서로 감독할 수 있어.

美英：太开心了。为了感谢你，我今天请你吃晚餐吧。我知道一家川菜很不错，早就想去尝尝了。

너무 즐거워. 고마운 마음에 오늘 저녁 사 줄게. 나는 사천요리가 아주 맛있는 식당을 알고 있는데 일찍부터 가서 먹어보고 싶었어.

张明：哈哈，好呀！看来"管住嘴"对你来说真的是很困难呢！不过川菜你不觉得很辣吗？

하하, 좋아! 보기에 '입조심'이 너한테는 정말 힘든가 봐! 근데 사천요리 너무 맵지 않아?

美英 ：一开始我也觉得辣，但是没办法，太好吃了，慢慢地就习惯了。对了！离晚餐还有一些时间，要不然你陪我去买一双跑鞋吧？我想买一双更加轻便、对脚踝和膝盖更好的跑鞋。

나도 처음엔 매웠는데, 어쩔 수 없이 너무 맛있어서 점점 익숙해졌어. 참! 저녁 식사 시간이 좀 남았는데, 아니면 나랑 같이 운동화를 사러 갈래? 좀 더 가볍고 발목과 무릎에 좋은 운동화를 사고 싶어.

张明：好的。那你想去哪买呢？

　　좋아. 그럼 어디에 가서 사고 싶어?

美英：刚好想去的川菜馆就在步行街，我们现在就直接去步行街吧!

　　마침 가고 싶었던 사천요리집이 보행자 거리에 있으니, 우리 바로 보행자 거리
로 가자!

（坐公交车来到了步行街）

（버스를 타고 보행자 거리에 도착했다）

美英：我们先到这家店看看吧，我喜欢这个品牌。

　　우리 우선 이 상점에 가 보자. 나는 이 브랜드를 좋아해.

张明：他家的运动装备确实很专业，而且样式也很时髦。走吧!

　　그 상점의 운동 장비는 확실히 정말 전문적이고, 게다가 스타일도 최신식이야.
가자!

美英：我刚刚说的那些要求，你也可以帮我挑选一下，我相信你的眼光，谢
谢啦!

　　내가 방금 말한 그 요구사항들, 너도 나를 도와서 골라 줄 수 있을까, 나는 너
의 안목을믿어. 고마워!

张明：没问题，你别老这么客气! 我觉得咱们就看那些带气囊或者其他的
缓冲减震的，这些都可以达到你的需要。

　　문제없어. 늘 이렇게 사양하지 마! 내 생각에는 우리가 에어백이 있거나 다른
충격을 완화해 주는 것을 보자. 이것들은 모두 너의 필요에 도달할 수 있어.

美英：这双怎么样? 看样子是有气囊的。

　　이건 어때? 보아하니 에어백이 있는 것 같아.

张明 : 确实有气囊，也很好看。但是鞋底有一些太厚了，不够轻便。你看这双怎么样？

말로 에어백이 있고, 예쁘기도 해. 하지만 밑창이 너무 두꺼워 가볍지 않아. 네가 보기에 이건 어때?

美英 : 好像也不错，那我先试试看! (对店员) 您好，请问这双鞋有240的吗？

좋을 것 같기도 하고, 내가 먼저 신어볼게. (점원에게) 안녕하세요, 이 신발 240이 있나요?

店员 : 有的，请稍等，我去里面给您拿。

있어요. 잠시만 기다리시면 가져올게요.

(店员拿来后，试穿)

(점원이 가져온 후에, 신어본다)

美英 : 还不错! 那就拿这双吧!

정말 괜찮네요! 그럼 이 신발로 할게요!

店员 : 好的。还需要其他的吗？

알겠습니다. 다른 것 더 필요하신가요?

美英 : 不需要了。

필요 없습니다.

店员 : 那请您和我到这边来结账。

그럼 이쪽으로 와서 계산해 주세요.

一身合适的运动装备,究竟有多重要?

跑几步,腿脚就有点不舒服?

想做重训,结果练几下就身体酸痛?

没几分钟就败下阵来,

还谈什么坚持,

还谈什么成功减肥?

减肥离不开运动,而运动之前,你可能需要先清点一下自己的运动装备!

别觉得只有专业运动员才需要这些,有时候觉得运动很累、很难坚持或者后续总有各种身体酸痛、损伤找上门,很可能就是因为你还没配齐保护自己的运动装备……

为什么运动的时候要穿运动服?

有些只穿简单的背心和短袖就来运动的人怕是无法理解有的人为何跑个步从内到外、从上到下做这么多讲究……其实他们之所以比你更能坚持、状态更好,可能差别就在装备上。

运动内衣,稳定性和防震性更强

有氧运动的过程较为剧烈,女性的胸部需要特别的保护。尤其是在跑步时,剧烈的震动会对韧带和皮肤造成牵拉,此时普通内衣自带的钢圈等结构可能会损伤乳房悬韧带以及压迫到胸部的乳房组织,增加罹患乳腺癌的风险。而运动内衣严格根据人体工学来设计结构,相较于普通内衣而言更加侧重防震的功能性,可以有效保持运动时胸部的稳定性,也没有钢圈会损伤和压迫乳房组织。

运动内衣,这样挑?

看面料:认准聚酯纤维、锦纶的面料,这样的材质轻便、易洗、耐磨、排汗快,让你在运动的时候会更加舒服和自在。

看罩杯:罩杯越大,身着的运动内衣提供的支撑性和稳定性就要越强。A、B罩杯选压缩式运动内衣,可以将胸部贴合,有效防外扩;C罩杯以上则建议选择包裹式运动内衣,更利于支撑胸部,谨防下垂。

看尺码：小编建议姑娘们尽可能去店里试穿，不要图方便网购。穿上后，若两个手指可以在肩带和皮肤之间滑动，且运动内衣的正、背面能够水平对齐并完整包裹整个胸部，就说明你挑对了内衣尺码。

运动T恤/外套，利于伸展，提高运动表现

运动上衣看似和日常的服装没什么不同，其实还是有很大区别的。运动上衣普遍采用纯棉混合其他材质，相对来讲比普通衣服排汗快、透气好。且一般都会加入涤纶等弹性材质，更利于伸展身体，就算做一些幅度大的动作也不会感到衣服紧绷，从而帮助提高你的运动表现。

运动上衣，这样选？

看面料：选择混合材质，如加入了涤纶或氨纶面料制成的衣服更透气、吸汗。

看运动类型：进行跑步、跳操等有氧运动时，小编建议你挑选宽松的运动T恤，利于身体的伸展；做力量训练增肌时则更推荐紧身衣。有研究表明，紧身装备对运动员力量的输出、疲劳的表现以及维持内在肌肉功能方面都能产生积极的影响。

运动裤，提高运动舒适性？

运动裤也是运动装备中必备的一项。跑步或者在打篮球、踢足球的时候都可以穿着舒适、宽松的运动裤。近年来，紧身运动裤也受到了大家的欢迎，这种裤子贴合身体，再加上材质的特殊，透气性也不逊色于宽松的运动裤。已有研究表明，专门为运动状态设计的紧身裤，能有效衰减软组织振动、减小肌肉活化，有利于减缓长时间的疲劳积累。

买紧身裤，材质很重要

挑选运动裤的时候，主要也是要关注它的材质。建议选择涤纶、莱卡等材质的运动裤，易干、抗拉扯，不会影响身体的舒展。

运动鞋，增加运动安全性

一般人出门运动之前，就算对服装不甚在意，也总会知道给自己安排一双运动鞋。但这里的"运动鞋"可不是说把皮鞋换成板鞋、休闲鞋就可以了，专业的运动鞋重量更轻、舒适度与安全度更高。像在跑步的时候，好的跑鞋不仅能让你的脚部更加舒适，还能够减轻跑步时膝盖的受力，降低膝盖受损的几率。

选跑鞋，注意这两点

看足弓：选择跑鞋之前你需要了解自己的足型。准备一张带颜色的纸，将脚沾上水，然后踩在纸上，根据脚印的形状就能分辨出来你属于哪种足型。脚印完整的是低足弓，即常说的扁平足，建议选稳定性强且有夹层鞋底的跑鞋，能给你更好的支撑效果；脚印内侧稍缺的是正常足，那么各种跑鞋都适合，小编更建议你以稳定性作为第一考量；脚印内侧大块缺失的是高足弓，建议选择缓冲鞋，厚厚的减震垫可以吸收落地时的冲击力。

看场地：若你偏爱路跑，那么你一定要为自己准备一双缓冲和减震功能都比较强大的跑鞋；若你更喜欢在平稳的跑步机上跑，可以选底部较轻薄的跑鞋，会让你跑起来更加轻盈自在。

力量训练时的运动鞋选择

力量训练的时候，运动鞋的选择需要和慢跑鞋做区分，你在选购的时候要更加注重鞋子的稳定性和安全性，最好是平底，且能贴住地面的运动鞋。

你了解运动装备的重要性了吗？一套合适的运动装备，能在无形中帮你打造更好的运动状态，去锻炼前，别忘了先把装备配齐!

足球

축구

生词

欧洲杯	ōu zhōu bēi	[명사] 유럽축구선수권대회.
总决赛	zǒng jué sài	[명사] 결승전.
期待	qī dài	[동사] 기대하다.
铁杆儿	tiě gǎnr	[형용사] 틀림없는. 확실한.
球迷	qiú mí	[명사] 축구 팬.
打赌	dǎ dǔ	[동사] 내기를 하다.
请客	qǐng kè	[동사] 접대하다. 초대하다.
进场	jìn chǎng	[동사] 입장하다.
夺冠	duó guàn	[동사] 우승을 쟁취하다. 금메달을 따다.
欣赏	xīn shǎng	[동사] 좋다고 여기다. 마음에 들어하다.
前锋	qián fēng	[명사] (축구·농구 등 구기 종목의) 전위. 포워드.
中场	zhōng chǎng	[명사] (축구 경기 등의) 미드필더.
犀利	xī lì	[형용사] 날카롭다. 예리하다.
强悍	qiáng hàn	[형용사] 용감하다. 용맹스럽다.

实力 shí lì   [명사] 실력. 힘.

阵型 zhèn xíng   [명사] 배치. 라인업.

中前卫 zhōng qián wèi   [명사] 센터 하프백.

进攻 jìn gōng   [동사] (시합·경쟁 따위에서) 진공하다. 공격하다.

传中 chuán zhōng   [명사] 센터. 센터링.

底线 dǐ xiàn   [명사] (축구의) 골라인.

角球 jiǎo qiú   [명사] (축구의) 코너킥.

左边后卫 zuǒ biān hòu wèi   왼쪽 수비수.

射门 shè mén   [명사] 슛.

开局 kāi jú   [동사] 시작하다.

点球 diǎn qiú   [명사] 페널티 킥.

刺激 cì jī   [명사/동사] 자극(하다).

保守 bǎo shǒu   [형용사] 여유를 둔. 넉넉한. 여지가 있는.

越位 yuè wèi   [명사/동사] 오프사이드(를 범하다).

手球 shǒu qiú   [명사] (축구 경기의) 핸들링.

球门球 qiú mén qiú   [명사] 골킥.

(美英来到了张明的宿舍)
(미영이 장명의 숙소에 왔다)

张明：快来吧，今天晚上有欧洲杯总决赛的现场直播，英格兰对意大利。
一起看球吧!

빨리 와봐. 오늘 저녁 유럽축구선수권대회 본선 생방송이 있어, 잉글랜드 대 이탈리아야. 같이 축구 보자!

美英 : 好啊，我从昨天开始就期待着这场比赛了。

좋아, 나는 어제부터 이 경기를 기대하고 있었어.

张明 : 你支持哪支球队啊？

너는 어느 팀을 응원해?

美英 : 当然是英格兰队，我可是英格兰的铁杆儿球迷。你呢？

당연히 잉글랜드 팀이지, 나는 잉글랜드의 열성 팬이야. 너는?

张明 : 我支持意大利队。

나는 이탈리아 팀을 지지해.

美英 : 要不咱俩打个赌，看看今晚哪个队会赢？

그러면 우리 오늘 밤 어느 팀이 이기는지 내기할까?

张明 : 行啊，谁输了，谁请客吃夜宵。

좋아, 지는 사람이 야식사는 거다.

美英 : 没问题。

문제 없어.

张明 : 双方球员进场了。

양측 선수들이 입장했어.

美英 : 到底谁会夺冠呢？希望是英格兰队。这支队年轻队员多，况且又是在主场，那么多球迷助阵，我看夺冠的希望比较大。

과연 누가 우승할까? 희망은 잉글랜드 팀이야. 이 팀은 젊은 선수가 많고, 더구나 홈구장에서 그렇게 많은 팬들이 응원을 하니, 내가 보기에 우승할 희망이 비교적 커.

张明 : 我一直比较欣赏意大利队。它的前锋犀利，中场也很强悍，我相信意大利队能拿冠军。

나는 항상 이탈리아 팀이 마음에 들었어. 이탈리아 팀의 공격수는 날카롭고, 미드필더도 용감해서 이탈리아 팀이 우승할 것이라고 믿어.

美英 : 两队实力不相上下，谁赢谁输，还真不好说。

양팀이 막상막하여서 누가 이기고 질지 모르겠어.

张明 : 今天意大利仍然摆出了433的阵型!

오늘도 이탈리아는 433 포메이션을 펼쳤어!

美英 : 英格兰的阵型比较接近343。我对英格兰的两个中前卫印象深刻，他们是赖斯和菲利普斯。

잉글랜드의 포메이션은 343에 가까워.잉글랜드의 중앙 미드필더 두 명이 인상 깊었는데, 그들은 라이스와 필립스야.

张明 : 英格兰进攻，直接传中。唉，怎么回事? 直接传出了底线!

잉글랜드가 공격해서 직접 크로스를 올렸어. 아휴, 웬일이야? 골라인에 바로 넘었네!

美英 : 送给意大利一个角球!

이탈리아에게 코너킥을 선물해!

张明 : 哈哈，开赛刚刚一分钟，英格兰队就送给意大利队一个角球!

하하, 잉글랜드는 경기시작 1분 만에 이탈리아에 1골을 내줬어!

(比赛继续进行中)

(경기 계속 진행 중)

美英 : 快看, 英格兰左边后卫卢克肖! 快, 快, 射门! 好球, 球进了!

　　봐봐, 잉글랜드 왼쪽 수비수 루크쇼! 빨리, 빨리, 슛! 스트라이크, 골 넣었어!

张明 : 哇, 英格兰的运气实在太好了, 太意外了!

　　와, 잉글랜드는 운이 정말 좋네. 너무 뜻밖이야!

美英 : 开场刚刚两分钟而已! 简直是梦幻开局! 1比0! 暂时领先。

　　경기가 시작한지 2분밖에 안됐는데! 환상적인 출발! 1대0! 일단 앞서네.

张明 : 看把你高兴的! 不过, 这只是个开始。

　　봐, 너를 기쁘게 하네! 하지만 이것은 시작일 뿐이야.

美英 : 意大利队正在组织快速进攻, 看来, 精彩的还在后边呢。

　　이탈리아 팀이 빠른 공격을 조직하고 있는 것을 보니, 재미있는 것은 아직 뒤
에 있는 것 같아.

**(意大利在67–68分钟将比分追平为1比1, 双方在90分钟正规赛与30分钟延
长赛后仍以1比1打平, 最后意大利凭借点球3:2战胜英格兰队, 夺得了本届
欧洲杯冠军)**

(이탈리아는 67-68분 1-1 동점, 정규리그 90분과 30분 연장전까지 1-1 동점을 이룬 뒤
이탈리아 팀이 잉글랜드 팀을3-2로 승리해 유럽축구선수권대회의 우승을 차지했다)

美英 : 唉, 胜负已定, 完了完了, 没想到啊!

　　아휴, 이미 승부는 정해졌어, 끝났어 끝났어, 생각지도 못했네!

张明 : 刚才的点球大战太紧张, 太刺激了!

　　　方금 승부차기가 너무 긴장되고 짜릿했어!

美英 : 点球大战, 门将是关键啊。这次意大利的门将多纳鲁马立功了!

　　　승부차기는 골키퍼가 관건이야. 이번엔 이탈리아의 골키퍼 돈나룸마가 공을 세웠어.

张明 : 其实, 英格兰的技战术水平还是不错的,

　　　사실 잉글랜드의 기량은 나쁘지 않아.

美英 : 但是, 他们后边踢得太保守了。没有发挥好啊。看来, 还是意大利队更有实力。

　　　하지만 뒤에 차는게 너무 여유를 두고 해서 제대로 플레이하지 못했어.역시 이탈리아팀이 유력해 보여.

张明 : 别难过了。不过, 你现在说起足球来, 倒是一套一套的啊, 还真不能小瞧了你啊。

　　　너무 슬퍼하지 마. 그런데 지금 축구 얘기하면 똑같은 거지, 정말 만만하게 볼 수 없잖아.

美英 : 嘿, 还不是跟你这个老师学的! 刚开始, 我连越位呀, 手球啊, 球门球啊这些词都不懂, 现在却越看越有意思了!

　　　야, 왜 너 같은 선생님한테 배운 거겠어! 처음에는 오프사이드니 핸들링이니 골킥이니 이런 단어조차 몰랐는데, 지금은 보면 볼수록 재미있어!

张明 : 那, 该你请客了吧?

　　　그럼, 네가 한턱 낼 차례지?

美英：没问题! 看我刚才带来了什么? 我早就准备好了!

문제 없어! 봐봐 내가 뭘 가져왔는지? 나는 벌써 준비를 다 했어!

张明：啤酒、小龙虾? 哈哈, 太好了!

맥주, 가재? 하하, 좋네!

阅读

足球比赛常用词汇

上半时 [场]	越位	漏球
下半时 [场]	冲撞犯规	踢出界
开球	手球犯规	控球能力
加时赛	背后铲球	停球
点球决胜 / 点球大战	持球时间过长	弧线球
出界 / 越界	警告	内弧球
球门球	黄牌	外弧球
角球	红牌	乌龙球
获得罚角球权	罚点球	门将
任意球	踢球	后卫
定位球	得球	中场
严重犯规	失球	前锋

第四章
제4장

篮球和排球
농구와 배구

生词

系 xì	[명사] 학과.
主力 zhǔ lì	[명사] 주력.
开玩笑 kāi wán xiào	[동사] 농담하다. 웃기다. 놀리다.
如今 rú jīn	[명사] 지금. 이제. 현재.
乔丹 qiáo dān	[인명] 조던.
在役 zài yì	병역하다.
创造 chuàng zào	[동사] 창조하다. 만들다. 발명하다.
神话 shén huà	[명사] 신화.
奥尼尔 ào ní ěr	[인명] 오닐.
盖帽 gài mào	[명사] 블로킹 슛. 캡.
假动作 jiǎ dòng zuò	[명사] (배구의) 트릭 플레이. 속이기 동작.
业余水平 yè yú shuǐ píng	아마추어 수준.
菜 cài	[형용사] 부족하다. 표준에 못 미치다.
强身健体 qiáng shēn jiàn tǐ	신체를 건강하게 하다.

愉悦身心 yú yuè shēn xīn　　　　　　　　　　심신이 유쾌하고 기쁘다.

安慰 ān wèi　　　　　　　　　　　　[동사] 위로하다. 위문하다.

藏龙卧虎 cáng lóng wò hǔ　　　　　　　　　[성어] 숨은 인재.

国家队 guó jiā duì　　　　　　　　　　　[명사] 국가 대표팀.

表现 biǎo xiàn　　　　　　　　　[명사] 활약. 경기력. 능력.

可圈可点 kě quān kě diǎn　　　　　[성어] 주목할 만하다. 뛰어나다.

佩服 pèi fú　　　　　　　　　　　[동사] 감탄하다. 탄복하다.

世联赛 shì lián sài　　　　　　　　　[명사] 월드 리그전.

核心 hé xīn　　　　　　　　　　[명사] 핵심. 주요 부분.

主攻 zhǔ gōng　　　　　　　　　　　[명사] 주공격수.

进攻 jìn gōng　　　　　[동사] (싸움이나 시합에서)공세를 취하다.

一传 yī chuán　　　　　　[명사] (배구 운동 기술)범프. 패스.

双人拦网 shuāng rén lán wǎng　　　　　　　2인 블로킹.

三人拦网 sān rén lán wǎng　　　　　　　3인 블로킹.

防守 fáng shǒu　　　　　　　　[동사] 막아 지키다. 수비하다.

得分榜 dé fēn bǎng　　　　　　　　　[명사] 득점 명단.

首位 shǒu wèi　　　　　　　　　[명사] 제1위. 1등.

研究 yán jiū　　　　　　　　[명사/동사] 연구(하다).

数据 shù jù　　　　　[명사] 데이터. 통계 자료. 통계 수치.

粉丝 fěn sī　　　　　　　　　　　　[명사] 팬.

深入 shēn rù　　　　[동사] (내부나 중심에) 깊이 들어가다. 깊이 파고들다.

人美条靓 rén měi tiáo liàng　　　　　사람이 아름답고 멋지다.

大长腿 dà cháng tuǐ　　　　　　　　　[명사] 롱다리.

羡慕 xiàn mù　　　　　　　[동사] 부러워하다. 흠모하다.

张明 : 美英, 这周末我们系里有篮球赛, 有兴趣来看吗?

미영아, 이번 주말에 우리 과에서 농구 경기가 있는데, 흥미가 있으면 보러 올래?

美英 : 非常有兴趣。嘻嘻! 帅哥多吗?

매우 흥미가 있어. 히히! 잘생긴 남자 많아?

张明 : 当然多啦。

당연히 많지.

美英 : 那你们几点开始比赛呀? 我要早点儿去, 选个好位置。

그럼 몇 시에 경기를 시작해? 나는 좀 일찍 가서 좋은 자리를 골라야겠어.

张明 : 上午十点开始, 我会给你留一个前排的位置, 放心吧。

오전 10시에 시작해, 내가 앞자리로 남겨둘 테니, 걱정 마.

美英 : 你也上场打比赛吗?

너도 시합에 나가?

张明 : 当然啦, 我可是我们年级的主力呢!

당연하지. 내가 우리 학년 주력이거든.

美英 : 看不出来呀, 你这么厉害呀?

알아채지 못했잖아, 네가 이렇게 대단하다니?

张明 : 这话说的, 周六你来了就知道啦, 不过我们的队员都很厉害的。

이 말은, 토요일에 네가 오면 알겠지만 우리 팀원들은 모두 대단해.

美英 : 哈哈, 和你开玩笑的。对了! 你喜欢看NBA比赛吗?

하하, 너랑 장난쳤어. 참! 넌 NBA 경기 보는 거 좋아해?

张明 : 我觉得如今的NBA没什么看头了, 要是乔丹还在役的话多好啊。

나는 지금의 NBA는 별로 볼 것이 없다고 생각해. 만약 조던이 여전히 현역에 있다면 얼마나 좋을까.

美英 : 那你最喜欢的篮球运动员是乔丹咯?

그럼 제일 좋아하는 농구선수가 조던이야?

张明 : 对啊。我觉得他创造了篮球的神话。你呢? 你有喜欢的篮球运动员吗?

맞아. 내 생각에는 그가 농구의 신화를 창조한 것 같아. 너는? 좋아하는 농구 선수가 있어?

美英 : 我觉得男生打篮球很帅气, 但是其实对篮球并不是很了解, 我知道的运动员只有乔丹、奥尼尔这几位而已。

나는 남자들이 농구를 하면 멋있다고 생각하지만, 사실 농구에 대해서는 잘 몰라. 내가 아는 선수는 조던, 오닐 이 몇 명뿐이야.

张明 : 我也挺喜欢奥尼尔的。

나도 오닐을 매우 좋아해.

美英 : 奥尼尔的盖帽太厉害了。

오닐의 블로킹 슛은 정말 대단했어.

张明 : 对呀! 而且他打球假动作非常多, 根本猜不着他下一步会怎么做。

맞아! 그리고 경기할 때 가짜 동작이 너무 많아서, 그가 다음엔 어떻게 할지 전혀 짐작이 안 가.

美英：哈哈，我就是看个热闹而已。我其实比较喜欢排球，我在韩国读高中的时候，曾经是我们学校排球队的队员。

하하, 난 그저 구경만 했을 뿐이야. 나는 사실 배구를 비교적 좋아하는데, 한국에서 고등학교를 다닐 때 우리 학교 배구팀 선수였어.

张明：真不错，那你很厉害啊!

정말 좋네, 진짜 대단하다!

美英：也没有啦! 业余水平。而且也已经很久没有练习过了，就更菜了。

아니야! 아마추어 수준이야. 게다가 연습도 안 한 지 오래돼서 더 못해.

张明：你别这么谦虚嘛! 运动不就是既能强身健体，又能愉悦身心吗? 只要喜欢就足够啦!

너 이렇게 겸손하게 굴지 마! 운동은 몸을 튼튼히 하고, 몸과 마음을 즐겁게 하는 것 아니야? 좋아하기만 하면 돼!

美英：嗯! 你真会安慰人呀!

응! 넌 정말 위로를 할 줄 아네!

张明：不是安慰你，就算你是业余水平，以前能进校队，肯定水平也是不错的啦。你现在怎么没参加你们学校的校队啊?

너를 위로하는 건 아니고, 네가 아마추어 수준이라고 해도 예전에 학교 팀에 들어갈 수 있었다면 분명 수준도 괜찮았을 거야. 너는 지금 왜 너희 학교 팀에 참가하지 않아?

美英：我哪有那水平啊? 已经很久没打了，大学可都是藏龙卧虎的地方呢。我们学校的校队里有很多我觉得已经很厉害的人物了。中国人的"女排精神"可真不是说说而已，连我们学校的校队都这么拼。

내가 어디 그만한 수준이 있게? 안 친 지가 오래됐는데, 대학은 온통 숨은 인재들의 장소야. 우리 학교 학교 팀에는 내가 이미 대단하다고 생각하는 인물들이 많아. 중국인들의 '여자배구 정신'은 정말 말뿐이 아니야, 우리 학교의 학교 팀까지 모두 이렇게 필사적으로 해.

张明：说起中国的女排国家队和"女排精神"，那确实是挺让我们中国人骄傲的。

중국 여자배구 대표팀과 '여자배구 정신'을 말할 때, 우리 중국인들이 자부하는 것은 사실이야.

美英 : 我看过她们的比赛，每一位队员的表现都是可圈可点呀! 确实很让人佩服。

나는 그녀들의 시합을 본 적이 있는데, 모든 팀원들의 활약은 주목할 만해! 참으로 감탄스러워.

张明：我很喜欢朱婷，在2018年的世联赛总决赛中，作为中国队的核心主攻，朱婷承担了全队最多的进攻和最多的一传，进攻次数占了全队的33.27%，一传次数占了全队的32.07%，如此之大的承担，在其他各队是没有的。每当她进攻时，对方都会组成双人拦网甚至是三人拦网，后排布置专人防守，即使这样朱婷仍然得到87分，位居得分榜的首位。

나는 주팅을 매우 좋아해. 그녀는 2018년 월드 리그 결승전에서 중국 팀의 핵심 공격수로 팀 전체에서 가장 많은 공격과 가장 많은 패스를 담당했어. 공격 횟수의 33.27%를 차지했고, 패스 수는 32.07%를 차지해서 이 정도 부담은 다른 팀에는 없었어. 그녀가 공격할 때마다 상대방은 2인 블로킹 심지어 3인 블로킹을 이뤘어. 뒤에 전담 수비를 두었는데도 주팅은 87점을 받아 랭킹 1위를 했어.

美英 : 哇! 你真有研究呀! 这些数据都记得这么清楚, 你该不会是朱婷的粉丝吧?

와! 너 정말 연구했구나! 이런 수치를 이렇게 정확하게 기억하다니, 너 혹시 주팅의 팬이야?

张明 : 我是学体育专业的嘛, 嘿嘿! 再说, 估计有很多很多中国人都是朱婷的粉丝哦。

나는 체육을 전공했잖아. 헤헤! 게다가, 많은 중국인들이 주팅의 팬일 거야.

美英 : 我就很喜欢惠若琪, 虽然我对她的比赛表现没有你的研究这么深入, 但是我觉得她打球又很厉害, 还人美条靓, 那双大长腿, 真的太让人羡慕啦!

난 후이뤄치가 너무 좋아. 비록 난 그녀의 경기 활약에 대해 너만큼 깊이 연구하지 않았지만, 그녀가 공을 잘 치고, 사람도 아름답고 멋지고, 다리도 길고, 정말 부러워!

张明 : 哈哈, 果然是女生, 不过确实女排队员里美女很多, 你也曾经是女排队员呀! 难怪这么漂亮!

하하, 역시 여자야, 하지만 확실히 여자배구팀에 미녀가 많긴 해. 너도 한때 여자배구팀원이었구나! 어쩐지 예쁘더라!

美英 : 你可真会说话, 不过听着很舒服。哈哈! 谢谢你的夸奖啦!

너는 말을 참 잘 하구나, 하지만 듣기에 매우 편안해. 하하! 칭찬해줘서 고마워!

张明 : 这可是我的真心话啊! 对了! 周末可别忘了来看比赛啊, 来了就直接来找我, 我带你去坐好位置。

이건 내 진심이야! 참! 주말에 경기 보러 오는 거 잊지 마. 오면 바로 나를 찾아와. 내가 좋은 자리에 데려다 줄게.

美英 : 好的。我出发的时候也会联系你的。到时候见啦!

알겠어. 나도 출발할 때 연락할게. 그때 보자!

排球小知识——25个排球术语

飘球、跳发球都是什么啊 时间差、位置差又是什么 一传二传到底有多少传？立体进攻是怎么进攻 自由防守队员是谁 看比赛听不懂解说好茫然 排球术语都看不懂怎么办

看比赛的时候听不懂解说？那可能是你对排球术语了解不多哦！今天就带大家来了解一下排球的术语~

1) **自由防守队员**：专职负责接发球和后排防守的队员，因其上下场之间只需经过一次发球比赛过程，换人不记为正规换人，且次数不限，也称"自由人"。"自由人"不得发球、拦网和试图拦网，不得将高于球网上沿的球直接击入对区。"自由人"在前场区及前场区外无障碍区进行上手传球，当传出的球的整体高于球网上沿时，其他队员不得进行进攻性击球。当他在后场区上手传出的球高于球网上沿时，其他队员可以进行进攻性击球。

2) **飘球**：指击球作用力通过球体重心，使发出的球不旋转而且是不规则的飘晃飞行的一种发球方法。

3) **跳发球**：指采用助跑起跳的方式，在空中将球直接击入对方场区的发球方法。是当今排坛最具进攻性的一种发球方法。

4) **扣球**：是排球基本技术之一，指运动员跳起在空中，将高于球网上沿的球有力的击入对方场区的一种击球方法。是得分的主要手段。

5) **打手出界扣球**：指在完成扣球时利用拦网队员的手，使球触及拦网手后出界得分的一种个人进攻技术。

6) **后排进攻**：指运动员从进攻线后起跳冲飞到进攻区进行扣球的一种进攻方法。

7) **快球（背平快、短平快、近体快、背快）**：指在二传球的弧度较低的情况下，扣球人出其不意，攻其不备，突然袭击突破对方拦防的一种进攻方法。

8) **探头球**：指当一传或防守等击球直接飞到网口时，对方队员直接在网上沿完成进攻性击球的技术动作。

9) **时间差**：指扣球队员以逼真的动作，佯作快球的起跳，但实际并未跳起，以欺骗对方拦网队员起跳，待拦网者下落时，再迅速原地起跳扣球，造成佯装扣球和实际扣球时间上的差异，即为"时间差"扣球。

10) **位置差**：指扣球队员按原来扣球的时间助跑，在助跑后佯作起跳扣球，但助跑后不起跳，待对方队员拦网起跳时，变向侧跨出一步，用单足或双足"错"开拦网人的位置起跳扣球，即为"位置差"扣球。

11) **空间差**：指扣球队员利用助跑的冲力和专门的踏跳技术，使身体向前上方跃出，把正面拦网的对手甩开，使扣、拦在空中出现误差，即为"空间差"扣球。

12) **阵容配备**：是指比赛时场上人员的搭配布置。其目的是合理地把全队的力量搭配好，更有效地发挥每一个队员的特长和作用。常见的有："五一"配备、"四二"配备。

13) **四攻（一攻、反攻、保攻、推攻）**：接发球及其进攻称为"一攻"，接扣球及其进攻称为"反攻"，接拦回球及其进攻称为"保攻"，接传、垫球及其进攻称为"推攻"。

14) **中一二进攻**：是指3号位队员作二传，其他队员参与进攻的组织形式。

15) **边一二进攻**：是指2号位队员作二传，其他队员参与进攻的组织形式。

16) **插上进攻**：是指二传队员由后排插上到前排作二传，把球传给前排4, 3, 2号位队员进攻的组织形式。

17) **隐蔽站位**：是指接发球站位时，在规则允许的前提下，前排队员隐蔽地站在后排队员习惯站的接发球位置上，并把后排队员安排在前排接发球的位置上进行佯攻的站位形式。

18) **边跟进防守**：多在对方进攻较强，吊球较少时采用。当对方4号位队员进攻时，我方2，3号位队员拦网，其他4个队员成半圆弧形防守。

19) **心跟进防守**：在本方拦网能力强，对方采取打吊结合时采用。当对方4号位队员进攻时，我方2，3号位队员拦网，后排的6号位队员在本方拦网时跟在拦网队员之后进行保护，其余3名队员组成后排弧形防守。

20) **传球**：是利用手指、手腕的弹击动作将球传至一定目标的击球动作。

21) **垫球**：是排球基本技术之一。是指通过手臂或身体其他部位的迎击动作，使来球从垫击面反弹出去的击球动作。

22) **发球**：是排球比赛中一项重要的技术，1号位队员在发球区内自己抛球后，用一只手将球直接击入对方场区内的一种击球方法。

23) **立体进攻**：一种前排与后排、快攻与强攻、时间与空间上的多方位组合进攻。

24) **接应二传**：现代排球又将其称为"两翼"，与二传手对角站位，但其主要作用已由策应二传队员转向以2号位进攻得分为主，且得分比例已接近甚至超过担任主攻手的队员。

25) **机会球**：指当进攻一方无法组织有力的进攻，被迫将球传、垫、或挡过网，使防守方可以轻松抓住机会，立刻组织强有力的战术反攻的球。

第五章
제5장

网球
테니스

生词

视频 shì pín		[명사] 동영상.
网球 wǎng qiú		[명사] 테니스.
布置 bù zhì		[명사/동사] (적절히) 배치(하다). 배열(하다).
分析 fēn xī		[명사/동사] 분석(하다).
技术 jì shù		[명사] 기술.
特点 tè diǎn		[명사] 특색. 특징. 특성.
退役 tuì yì		[동사] (운동선수가) 은퇴하다.
影响力 yǐng xiǎng lì		[명사] 영향력.
发球 fā qiú		[명사/동사] 서브(를 넣다).
进攻性 jìn gōng xìng		[명사] 공격성. 공격적.
杀伤力 shā shāng lì		[명사] 파급력. 파괴력.
反手球 fǎn shǒu qiú		[명사] 백핸드.
正手球 zhèng shǒu qiú		[명사] 포핸드.
凶狠 xiōng hěn		[형용사] (기세가) 힘차다. 세차다.

稳定 wěn dìng		[형용사] 안정하다. 변동이 없다.
实力 shí lì		[명사] 실력. 힘.
均衡 jūn héng		[명사/동사] 균형(이 잡히다).
手臂 shǒu bì		[명사] 팔. 팔뚝.
击球 jī qiú		[명사] 스트로크.
步法 bù fǎ		[명사] 발걸음. 보조.
灵活 líng huó		[형용사] 민첩하다. 재빠르다.
优势 yōu shì		[명사] 우세. 우위. 강점.
竞争力 jìng zhēng lì		[명사] 경쟁력.
上肢 shàng zhī		[명사] 상지.
下肢 xià zhī		[명사] 하지.
肌肉 jī ròu		[명사] 근육.
潮流 cháo liú		[명사] 시대의 추세.

对话

(美英来到张明的宿舍, 张明正在看电脑)
(미영이가 장명이의 숙소에 왔고, 장명이는 컴퓨터를 보고 있는 중이다)

美英 : 在看什么呢? 这么认真!
뭐 보는 거야? 이렇게 열심히!

张明 : 我在看视频, 你看, 这是什么比赛?
나 동영상 보고 있어. 봐봐, 이게 무슨 경기일까?

美英 : 这不是网球吗？你们还有网球课啊？

이거 테니스 아니야? 너네 테니스 수업도 있어?

张明 : 我们每个学期都有选修课，比如，上学期我学的是乒乓球和羽毛球。

우리는 매 학기마다 선택과목이 있어, 예를 들면, 지난 학기에 내가 배운 건 탁구와 배드민턴이야.

美英 : 这学期你选的是网球吗？

이번 학기에는 테니스를 선택했어?

张明 : 对。这学期我选了网球课。上周老师布置了一个作业。

응. 이번 학기에 테니스 수업을 선택했어. 지난주에 선생님께서 숙제를 하나 내 주셨어.

美英 : 什么作业啊？就是看网球比赛吗？

무슨 숙제야? 테니스 경기만 보는거야?

张明 : 不光是看比赛，还要能分析出网球运动员的技术特点。

경기를 보는 것뿐만 아니라 테니스 선수의 기술적인 특징도 분석할 수 있어야해.

美英 : 原来是这样。这个运动员是谁呀？

그런거구나. 이 운동 선수는 누구야?

张明 : 这是中国的网球运动员李娜。

중국의 테니스 선수 리나야.

美英 : 她是中国最好的网球运动员吗？

그녀는 중국 최고의 테니스 선수야?

张明 : 她现在已经退役了。她是2011年法国网球公开赛女子单打冠军、2014年澳大利亚网球公开赛女子单打冠军。她当时几乎拿遍了全部的网球比赛的冠军。

그녀는 현재 이미 은퇴했어.그녀는 2011년 프랑스 오픈 여자단식 우승, 2014년 호주 오픈 여자단식 우승을 했어.그녀는 당시 거의 모든 테니스 대회의 우승을 다 차지했어.

美英 : 这么厉害!

이렇게 대단하다니!

张明 : 对, 她可是中国最有影响力的一个网球运动员。

맞아, 그녀는 중국에서 가장 영향력 있는 테니스 선수야.

美英 : 网球我也会, 但打得不好, 不过我也很喜欢看比赛。

나도 테니스를 할 줄 알지만, 잘 못쳐, 하지만 경기 보는 것을 참 좋아해.

张明 : 那正好, 我们一起看看。

그럼 딱 좋네, 우리 같이 보자.

美英 : 你觉得她有什么特点呢?

네가 생각했을 때 그녀는 어떤 특징을 가지고 있는 것 같아?

张明 : 先看她的发球, 你看, 是不是很有进攻性和杀伤力?

먼저 그녀의 서브를 보면, 네가 보기에 매우 공격적이고 파괴력이 있지 않니?

美英 : 是啊, 她的发球让对手很难把握啊。

그러게, 그녀의 서브는 상대가 장악하기 어렵게 만드네.

张明 : 看, 她刚才又打了一个漂亮的反手球。

　　봐, 그녀가 방금 또 멋진 백핸드를 쳤어.

美英 : 她的正手球很凶狠, 反手球也非常稳定啊。

　　그녀의 포핸드는 매우 매섭고, 백핸드도 매우 안정적이네.

张明 : 一个优秀的运动员, 正拍和反拍的实力应该是均衡的。

　　훌륭한 운동선수는 반드시 포핸드와 백핸드의 실력이 균형을 이루어야 해.

美英 : 她反拍时, 好像是手臂弯曲, 靠前臂发力。

　　그녀가 백핸드 때, 마치 팔뚝을 구부리고, 팔뚝으로 힘을 주는 것 같았어.

张明 : 观察得挺仔细的嘛! 反手球是需要力量的。她击球时不但出手快, 而且力量大。

　　자세히 관찰했잖아! 백핸드는 힘을 필요로 해. 그녀는 공을 칠 때 손이 빠를 뿐만 아니라 힘도 세.

美英 : 她跑得也很快啊。

　　그녀는 달리기도 매우 빠르네.

张明 : 那叫步法灵活, 有很强的跑动能力。

　　그것은 스텝이 민첩하고, 강한 뛰는 능력을 가졌다고 해.

美英 : 要想打好网球, 跑动能力确实很重要。

　　테니스를 잘 치려면 뛰는 능력이 확실히 중요하네.

张明 : 对, 李娜既有力量的优势, 又有速度的优势, 所以就很有竞争力。

　　맞아, 리나는 힘의 강점과 속도라는 강점이 있기 때문에 경쟁력이 있어.

美英 : 看外形, 她有点像男运动员呢, 你看, 她的上肢、下肢和腹部肌肉都很发达。

외형상으로는 그녀는 약간 남자 운동선수 같아. 봐봐, 그녀의 상체,하체,복부 근육이 발달돼 있어.

张明 : 你看得真仔细啊。对, 这也是她的一个特点, 我应该再加上这一条。

정말 자세히 봤네. 응, 이것 또한 그녀의 특징 중 하나야.나는 이것을 덧붙여야 겠어.

美英 : 我还说对了呀?

내 말이 맞았어?

张明 : 是啊, 是你提醒我了。要知道, 力量化、男性化也是女子网球的最新技术潮流。

그래, 네가 나를 일깨워줬어. 역량화, 남성화도 여자 테니스의 최신 기술 트렌드임을 알아야 해.

美英 : 比赛太精彩了! 谢谢你啊, 让我了解了中国网球运动员李娜。我回去得多看看她的视频, 好好学习学习。

경기가 너무 재미있었어! 고마워, 중국 테니스 선수 리나에 대해 알게 되었어. 나는 돌아가서 그녀의 동영상을 많이 보고 공부를 열심히 해야겠어.

张明 : 我还得谢谢你呢, 跟你一聊, 我的作业也有思路了。

나는 오히려 너에게 고마워. 너와 이야기를 나누다 보니 내 숙제도 방향이 잡혔어.

美英 : 是吗? 那好, 你抓紧写作业吧, 咱们回头再聊。

그래? 그럼, 숙제를 서둘러서 해. 우리 나중에 다시 얘기하자.

网球常用词汇

正手击球	反手平击球
反手击球	反手下旋球
平击球	放小球
抽球	直线球
上旋球	斜线球
下旋球	击球点
发球抛球	长球
截击	深球
第一发球	击落地球
第二发球	击反弹球
接发球	进攻
正手削球	落点
反手削球	攻击球
正手上旋球	开放式站位
正手平击球	关闭式站位
正手下旋球	步法
反手上旋球	转体

乒乓球常用词汇

发球	斜线球
发球得分	曲线球
发球失误	飘球

发球落网	打出界
发球出界	步法
接球	抽球
接球失误	扣球
接发球得分	扣杀
击球	旋转
触球	削球
挥拍速度	弧圈球
高球	推
直线球	挡

羽毛球常用词汇

混合双打	一发球员
男单	发球权
男双	发球
女单	接发球
女双	发球方
发球次序	发高远球
发球区	连击
扣球	连续扣杀
扑	防守反击
平抽	轮换位置
回球	

自行车运动
사이클링

生词

听说 tīng shuō		[동사] 듣자하니.
哎呀 āi ya		[감탄사] (유감을 나타내어) 아이고! 저런!
忽然 hū rán		[부사] 갑자기. 별안간. 돌연.
骑行 qí xíng		[동사] (자전거를)타고 가다.
保养 bǎo yǎng		[동사] 수리하다. 정비하다. 보수하다.
要不然 yào bù rán		[접속사] 그렇지 않으면.
款式 kuǎn shì		[명사] 스타일. 타입.
集合 jí hé		[동사] 집합하다. 모이다.
正门 zhèng mén		[명사] 정문.
准时 zhǔn shí		[형용사] 정해진 시간에. 정각에.
检修 jiǎn xiū		[동사] 검수하다. 점검하여 수리하다.
一行人 yì xíng rén		일행.
山地车 shān dì chē		[명사] 산악자전거.
公路车 gōng lù chē		[명사] 로드 자전거.
硬化 yìng huà		[동사] 경화하다. 굳어지다.

确实 què shí		[부사] 확실히. 정말로.
擅长 shàn cháng		[동사] …에 뛰어나다.
基本上 jī běn shang		[부사] 대체로. 거의.
未开发 wèi kāi fā		미개발.
郊外 jiāo wài		[명사] 교외.
通勤 tōng qín		[동사] 통근하다.
价位 jià wèi		[명사] 가격대. 가격 수준.
相对 xiāng duì		[형용사] 상대적이다.
绝对 jué duì		[부사] 절대로. 완전히.
对得起 duì de qǐ		[동사] 떳떳하다. 면목이 서다.
性价比 xìng jià bǐ		[명사] 가격 대비 성능.
优点 yōu diǎn		[명사] 장점. 우수한 점.
重量 zhòng liàng		[명사] 중량. 무게.
合格 hé gé		[형용사] 기준에 부합하다. 규격에 맞다.
同级别 tóng jí bié		동급.
轮胎 lún tāi		[명사] 타이어.
轮组 lún zǔ		[명사] 휠.
不必要 bú bì yào		~할 필요없다.
摩擦 mó cā		[명사/동사] 마찰(하다).
起步 qǐ bù		[동사] (어떤 일을) 시작하다. 가기 시작하다.
发力 fā lì		힘을 올리다.
车身 chē shēn		[명사] 차량의 차체.
刮擦 guā cā		[명사] 스크래치.
详细 xiáng xì		[형용사] 상세하다. 자세하다.

张明：听说学校附近新开了一家韩式烤肉店，有时间一起去吃吃看吗？

　　　　학교 근처에 한국식 삼겹살집이 새로 오픈했다고 하던데, 시간 있으면 같이 먹으러 가는 거 어때?

美英：哎呀！我已经和朋友约好了下午一起去买自行车，虽然我也挺想去尝尝的，但是下次有机会再去吧。

　　　　아이고! 친구랑 오후에 자전거 사러 가기로 약속이 되어 있어. 나도 가서 먹어보고 싶지만 다음에 기회가 되면 다시 가자.

张明：怎么忽然要买自行车？

　　　　왜 갑자기 자전거를 사려고 해?

美英：我们打算周末有时间的话一起去自行车骑行。

　　　　우리는 주말에 시간이 있으면 자전거 타러 갈 계획이야.

张明：你们打算去哪里买呢？

　　　　어디가서 사려고?

美英：南门市场。

　　　　남문시장.

张明：怎么去那儿呀？据我所知西门市场有比较多的自行车商店。

　　　　거기에 어떻게 가? 내가 알기로 서문시장에는 비교적 많은 자전거 상점이 있어.

美英：因为朋友的自行车就是那里买的，感觉还不错，刚好下午也拿去保养一下。

친구 자전거를 바로 거기서 사서 느낌이 괜찮아. 마침 오후에 정비를 받으러 갈거야.

张明 : 原来如此。要不然我也一起去吧? 反正我今天也没事, 然后我也想看看现在有什么款式的自行车了。

그렇구나. 아니면 나도 같이 갈까? 아무튼 난 오늘도 괜찮고, 그리고 나도 지금 어떤 디자인의 자전거가 있는지 보고 싶어.

美英 : 好啊。多一个人多一份建议。哈哈!

좋아. 한 사람이 더 있으면 더 조언해 줄 수 있지. 하하!

张明 : 那我们下午几点先在哪集合呢?

그럼 우리 오후 몇 시에 먼저 어디에서 모일까?

美英 : 三点半在我们学校正门集合, 你的时间方便吗?

3시 반에 우리 학교 정문에 모여. 너 시간 괜찮아?

张明 : 没问题, 那么下午见啦。

괜찮아. 그럼 오후에 보자.

美英 : 张明, 我们在这儿呢!

장명아, 우리 여기 있어!

张明 : 你们好! 你们真准时, 都说女孩儿需要等呢! 哈哈!

안녕! 너희는 시간을 잘 지키는구나. 모두 말하길 여자아이는 기다려야 한다던데! 하하!

美英 : 你说话真逗! 对了! 给你介绍一下, 这是我的室友李蕾, 这是体育大学的张明。

너 말 참 재밌다! 맞다! 소개할게. 이쪽은 내 룸메이트 이뢰고, 이쪽은 체육대학의 장명이야.

蕾　：你好!
　　안녕!

张明：你好! 很高兴认识你。
　　안녕! 만나서 반가워.

美英：那我们出发吧。
　　그럼 우리 출발하자.

（一行人来到位于南门广场的李蕾买自行车的商店）
(일행이 남문광장의 이뢰가 자전거를 샀던 상점에 도착했다)

老板：几位好! 想看点什么呢?
　　안녕하세요! 무엇을 보고 싶으세요?

李蕾：老板, 您好。我的自行车是在您家买的, 想让您给检修一下。另外, 我这两位朋友想看看自行车。
　　사장님, 안녕하세요. 제 자전거는 여기서 샀는데, 점검을 받고 싶어요. 그 밖에 이 두 친구는 자전거를 보고 싶어 해요.

老板：好的, 没问题。师傅会帮您做好修理, 我来向您的两位朋友介绍一下吧?
　　네, 괜찮습니다. 기사님이 수리를 잘 해 주실 겁니다. 제가 두 분 친구에게 소개해 드릴까요?

李蕾：好的, 谢谢老板!
　　네, 사장님 감사합니다!

老板 : 您二位是要买山地车还是公路车呢?

두 분은 산악자전거를 사시겠어요, 아니면 로드 자전거를 사시겠어요?

美英 : 我想要买和我朋友的差不多的。

저는 제 친구 것과 비슷한 것을 사고 싶어요.

老板 : 她买的是公路车, 比较适合在城市的公路上骑行。请到这边来, 这边都是公路车。

그녀가 산 것은 로드 자전거여서 도시의 도로에서 타기에 비교적 적합합니다. 이쪽으로 오세요. 여기는 모두 로드 자전거입니다.

张明 : 所以山地车是适合在山地里骑行咯?

그래서 산악자전거는 산지에서 타기 좋겠죠?

老板 : 应该说在硬化过的路面上公路车的表现会比山地车的表现要好, 土路的情况下公路车确实是不擅长。

경화된 도로에서는 로드 자전거가 산악자전거보다 더 좋은데, 비포장도로 상황에서는 로드 자전거는 확실히 못해요.

张明 : 现在就算是山路也基本上已经是硬化过的路面了。

지금은 산길도 거의 이미 경화된 길이에요.

老板 : 对啊。所以现在买山地车的人不算太多了, 除非确实是喜欢在未开发的郊外骑行的人, 一般如果主要是通勤和平时运动的话, 大家都会选择购买公路车。虽然公路车的价位相对高一点, 但是绝对是对得起它的性价比的。

그렇죠. 그래서 지금은 산악자전거를 많이 사는 편은 아니고요. 미개발 교외에서 자전거를 즐기는 사람이 아니고, 보통 주로 통근과 평상시 운동을 한다면, 모두 로드 자전거를 구입하는 편이에요. 비록 로드 자전거의 가격이 상대적으로 좀 높지만, 가격 대비 성능은 절대적으로 떳떳해요.

美英：您能跟我说说公路车的优点吗？我看着它们的样子都差不多呀。

로드 자전거의 장점에 대해 말씀해 주시겠어요? 제가 보기에 그것들은 모두 비슷해 보여서요.

老板：没问题。首先是重量，一辆合格的公路车整车重量大概在8–10kg，同级别的山地车至少要10–12kg；其次是轮胎，公路车的轮胎更细、轮组更轻，较细的车轮，可以减少不必要的摩擦，较轻的车轮可以让你起步更快，发力更直接；最后是速度，公路车在公路上速度更快、通过能力更强，更窄的车身可以更轻松的通过一些车流，减少一些不必要的刮擦，通勤可以节约更多的时间。

문제없습니다. 우선 중량입니다. 합격한 로드 자전거 한 대의 완성 자전거 중량은 대략 8-10kg이며, 동급의 산악자전거는 최소 10-12kg입니다. 둘째는 타이어입니다. 로드 자전거의 타이어는 더 가늘고 휠은 더 가벼우며, 비교적 가는 바퀴는 불필요한 마찰을 줄일 수 있습니다. 비교적 가벼운 바퀴는 당신이 더 빨리 출발하고, 더 직접적으로 힘을 낼 수 있습니다. 마지막으로 속도입니다. 로드 자전거는 도로에서 속도가 더 빠르고, 통과력이 더 강하고, 더 좁은 자체는 더 쉽게 차량 행렬을 통과할 수 있고, 불필요한 스크래치를 감소시키고, 통근할 때 더 많은 시간을 절약할 수 있습니다.

美英：您解释得好详细啊，那我就买和我朋友一样的车吧。请问有其它不同的颜色吗？

자세히 설명해 주시네요. 그럼 제 친구와 같은 자전거를 살게요. 혹시 다른 색상이 있나요?

老板 : 你朋友买的是黑色的, 还有红色、蓝色和白色的。

친구분은 검정색을 샀고, 빨간색, 파란색, 흰색도 있어요.

美英 : 那我买白色的吧。

그럼 저는 흰색을 살게요.

张明 : 我发现你们韩国人真的非常喜欢黑色和白色。

나는 한국인들이 검정색과 흰색을 정말 좋아한다는 것을 발견했어.

美英 : 嗯......反正我觉得"简单就是美"。

음... 어차피 난 '심플한 것이 아름다움'이라고 생각해.

老板 : 请跟我到这边来结账吧。师傅会安装和检查好车子后交到您的手上的。

이쪽으로 와서 계산해 주세요. 기사님께서 자전거를 설치하고 검사한 후에 건네주실 것입니다.

美英 : 好的。您辛苦了!

알겠습니다. 수고하셨습니다!

基本介绍

　　大组赛选择环型或往返路线，路面要有起伏和斜坡，起、终点应尽可能设在同一地点。比赛时所有运动员位于起点线集体出发，以运动员到达终点的顺序排列名次。男、女赛事分别于1896年和1984年被列为奥运会比赛项目。

个人计时赛通常为环型路线，车手单独出发，所用时间最短的为优胜。

比赛特点

1. 日赛

　　自行车比赛项目之一。公路赛的一种。世界锦标赛、奥运会、洲际运动会、国家运动会的公路个人赛常用一日赛的方式进行。以队的形式参加。各队在起点线后从左至右排成一路纵队集体出发。选择在有起伏的山坡、斜坡、路面一般不少于6米（起终点不少于8米）的变化道路或环形公路上进行。运动员之间可交换食物、饮料、工具和配件。同队运动员之间可以交换车胎和自行车，可等待受伤或落后的运动员。设公共和队的维修器材车尾随运动员后面。允许接受补给站和队的维修车上提供的补给品。名次按运动员通过终点的顺序决定，前者名次列前。

2. 多日分段赛

　　简称"多日赛"。自行车比赛项目之一。公路赛的一种。根据级别决定比赛的天数，至少举行2天，最多20多天。赛段由序幕赛、个人赛、个人计时赛、团体计时赛等公路比赛的形式组合而成。赛程地形复杂，以平路、坡路、起伏路组成。以每分段的时间累计排列个人和团体总名次。每分段各队前三名运动员的时间相加为团体成绩。常采用从一个城市到另一个城市连续的、环绕国家或地区的方式。最长总距离4000公里。时间超过10天以上的比赛中，距离超过260公里赛段只能有2段。以精英级运动员参赛的顶级环国家多日赛有：环法国、环意大利、环西班牙等。跨越国家与地区的比赛有和平大奖赛（捷克、波兰、德国）。

3. 个人计时赛

自行车比赛项目之一。公路赛的一种。传统比赛在一个延伸方向、路面平坦、距离为5–40公里的转折公路上进行，也可在平坦的环形路上进行。至少每隔5公里（上坡段每公里）标明比赛所剩下的骑行距离。运动员以个人单独方式匀速骑完全程，每分钟平均心率可达185次左右。运动员之间的出发时间间隔为30秒至2分钟（奥运会为1分30秒）。按运动员成绩优劣排先后名次。

4. 团体计时赛

自行车比赛项目之一。公路赛的一种。反映全队实力的项目之一。世界性的传统比赛在一个延伸方向、路面平坦、距离为15–50公里的转折公路上进行。奥运会和世界锦标赛上，此项目的赛距为100公里。每队4名运动员参加比赛，队与队之间相隔2–3分钟出发。4名运动根据风向编队，采用匀速方式高速骑行，每分钟心率保持在180次左右。每人轮流在前领骑200米左右下撤至队尾，相互换位领骑，在前抗风阻力领骑者心率通常高于尾随者每分钟10次左右。到达终点时取本队第三名运动员到达的时间为队的成绩，按各队成绩优劣排先后名次。

5. 个人赛

自行车比赛项目之一。公路赛的一种。参加者以个人名义报告参赛，排列在起终点线后集体出发的比赛。最长距离为170公里。在环路上进行时，环路的周长最少是10公里。

6. 赛事历史

在1896年第1届奥运会上，自行车项目就被列入正式比赛项目。在奥运会发展的初期阶段，只有场地、公路两个分项的比赛。而且在小项的比赛距离和成绩统计上变化较大。在20世纪20～40年代，场地、公路自行车比赛项目都相对趋于规范；20世纪50年代之后，国际自盟对奥运会自行车比赛的项目设置、竞赛方法进一步规范化。同时，在奥运会上增设了赛事质量高、受观众喜爱的、比较成熟的竞赛项目，如：山地越野赛、小轮车项目。从奥运会自行车设项表中可以看到，当代奥运会自行车比赛既有传统项目，也有现代新兴项目，并且比赛项目和竞赛方法更加规范化和标准化。

第七章
제7장

田径运动
육상 운동

生词

角逐 jué zhú		[동사] 경기하다. 경쟁하다.
奖牌 jiǎng pái		[명사] 상패. 메달.
田径 tián jìng		[명사] 육상 경기.
短跑 duǎn pǎo		[명사] 단거리 경주.
长跑 cháng pǎo		[명사] 장거리 경주.
竞走 jìng zǒu		[명사] 경보. 도보 경주.
实力 shí lì		[명사] 실력. 경쟁력.
铅球 qiān qiú		[명사] 투포환 경기.
标枪 biāo qiāng		[명사] 투창 경기.
七项全能 qí xiàng quán néng		[명사] 칠종경기.
接力 jiē lì		[명사/동사] 릴레이(경기)하다. 계주하다.
跳远 tiào yuǎn		[명사/동사] 멀리뛰기(하다).
冠军赛 guàn jūn sài		[명사] 선수권 대회.
选拔赛 xuǎn bá sài		[명사] 선수 선발전. 선발 시합.

决赛	jué sài		[명사] 결승전.
跑道	pǎo dào		[명사] (경주용의) 트랙.
起跑	qǐ pǎo	[동사] (육상 경기에서) 스타트하다. 출발하다.
爆发力	bào fā lì		[명사] 순발력.
一马当先	yì mǎ dāng xiān	[성어] 선두[맨 앞]에 서다. 리드하다.
冠军	guàn jūn		[명사] 우승. 일등. 챔피언.
亚军	yà jūn	[명사] (운동 경기나 각종 대회의) 이등. 제2위.
主力	zhǔ lì		[명사] 주력.

对话

(美英和张明在看东京奥运会的开幕式)

(미영과 장명은 도쿄 올림픽 개막식을 보고 있다)

美英 : 东京奥运会正式开幕了, 真让人兴奋。

　　　　 도쿄 올림픽이 본격적으로 개막했어, 정말 흥분된다.

张明 : 是呀, 你这个体育迷可以好好过把瘾了。

　　　　 그래, 너 같은 스포츠 팬은 정말 만족할 거야.

美英 : 还说我呢, 你不也一样吗? 早就在等着中国队拿冠军呢!

　　　　 나보고 그러지만, 너도 마찬가지잖아? 벌써 중국 팀이 우승하기를 기다리고
있네!

张明 : 是呀, 这次中国体育代表团一共有431名运动员, 将在16个比赛日,
角逐30个大项, 225个小项的比赛奖牌。

맞아, 이번 중국 체육 대표팀은 431명으로 16일 동안 대회를 하고, 30개 종목, 225개 세부 종목의 메달을 놓고 겨뤄.

美英 : 看, 中国队出场了!

봐봐, 중국팀이 출전했어!

张明 : 中国队的旗手是朱婷和赵帅, 啊, 太激动了, 中国队加油啊!

중국팀의 선두주자는 주팅과 자오솨이, 아, 너무 설렌다, 중국팀 화이팅!

美英 : 我也为中国队加油! 加油!

나도 중국팀을 위해 응원할게! 화이팅!

张明 : 美英, 你最喜欢看什么比赛项目?

미영아, 네가 제일 보기 좋아하는 경기 종목은 어떤거야?

美英 : 我喜欢看田径比赛, 特别是短跑和长跑, 都特别好看.

난 육상 경기 보는 거 좋아해. 특히 단거리와 장거리 달리기 모두 매우 재미있어.

张明 : 我也最喜欢看田径比赛.

나도 육상 경기 보는거 가장 좋아해.

美英 : 中国以前在奥运会上的成绩怎么样?

중국의 이전 올림픽 성적은 어땠어?

张明 : 上届里约奥运会, 中国田径队拿到了男女20公里竞走两块金牌. 这次东京奥运会, 有很多田径项目都很有实力呢.

지난 리우 올림픽에서 중국 육상은 남녀 20㎞ 경보에서 금메달 2개를 땄어. 이번 도쿄 올림픽에는 육상 종목 모두 매우 실력이 있어.

美英：那我很想听听你的分析, 都有哪些项目可能夺冠呢?

그럼 너의 분석을 듣고 싶어, 어떤 종목에서 우승할 수 있을까?

张明：其实, 我也是看了很多专家的分析, 他们认为, 中国田径队在男女20公里竞走、女子铅球、女子标枪等几个项目上都具备夺冠实力。

사실 나도 많은 전문가들의 분석을 봤어. 그들은 중국 육상 경기팀 남녀 20km 경보, 여자 투포환경기, 여자 투창경기 등 몇몇 종목에서 우승 실력을 갖췄다고 생각해.

美英：是吗? 还有其它项目吗?

그래? 그럼 다른 종목도 있어?

张明：另外, 在女子七项全能、男子4X100米接力、男子跳远、男子110米栏、男子50公里竞走等几个小项上, 如果运动员发挥出色的话, 也有争夺奖牌的可能。

또 여자 칠종경기, 남자 400m 계주, 남자 멀리뛰기, 남자 110m 허들, 남자 50km 경보 등 몇 가지 세부 종목에서 선수들이 잘하면 메달 획득도 가능해.

美英：那在田径队有你喜欢的运动员吗?

그럼 육상팀에 좋아하는 선수가 있어?

张明：当然有。我觉得目前最有实力的中国田径运动员是苏炳添和谢震业, 他们都被称为"中国飞人"呢。

물론 있지. 지금 가장 실력이 있다고 생각하는 중국 육상 선수는 쑤빙톈과 세전예야. 모두 중국의 비인으로 불려.

美英：你看过他们的比赛吗?

너는 그들의 시합을 본 적이 있어?

张明 : 看过, 最近的一次比赛就是2021年全国田径冠军赛暨东京奥运选拔赛。

봤어, 최근에 경기 한번이 있었는데, 2021년 전국육상선수권대회 겸 도쿄 올림픽 선발전이야.

美英 : 这个比赛是要选拔参加奥运会的选手吗?

이 시합은 올림픽에 참가할 선수를 선발하는 거야?

张明 : 对, 苏炳添和谢震业都参加了男子100米决赛。

맞아, 쑤빙텐과 세전예 모두 남자100미터 결승전에 참가했어.

美英 : 你有决赛的录像吗? 我倒真想看看, 认识一下他们两个人。

너 결승전 비디오 있어? 나 보면서 그 두 사람을 좀 알고 싶어.

张明 : 有啊, 来, 看一下吧。

있어, 자, 한번 보자!

(两人一起看比赛录像)

(둘이서 비디오를 본다)

张明 : 看, 这是苏炳添, 他在第四跑道。这是谢震业, 他在第五跑道。

봐봐, 이건 쑤빙텐이고, 4번 트랙에 있어. 이건 세전예고, 5번 트랙에 있어.

美英 : 比赛开始了, 起跑!

시합이 시작했어, 출발!

张明 : 苏炳添的起跑是所有选手中最快的。

쑤빙텐의 출발은 선수 중 가장 빨랐어.

美英：谢震业在他身后奋力直追。

　　셰전예가 뒤에서 맹렬히 추격하고 있어.

张明：看，苏炳添展现出超强的爆发力，越跑越快。

　　봐, 쑤빙톈이 뛰어난 순발력을 보이며 달리면 달릴수록 빨라져.

美英：谢震业渐渐被甩开了。

　　셰전예는 점점 밀려났어.

张明：苏炳添一马当先，率先冲过了终点。

　　쑤빙톈이 앞장서고, 가장 먼저 결승점에 들어갔어.

美英：哇，这速度也太快了吧!

　　와, 속도도 정말 빨라!

张明 ： 苏炳添9秒98获得冠军，谢震业10秒15获得亚军。所以，他们两人都入选了奥运会田径队。

　　쑤빙톈 9초 98로 1위. 셰전예는 10초 15로 2위를 했어. 그래서 둘 다 올림픽 육상대표팀에 선발됐어.

美英：那他们是这次奥运会田径的主力成员了？

　　그렇다면 그들은 이번 올림픽 육상팀의 주력 멤버야?

张明：对，特别是苏炳添，他是中国100米短跑纪录的保持者，也是亚洲跑得最快的的人，特别受人瞩目。

　　맞아, 특히 쑤빙톈은 중국 100m 단거리 기록 보유자이자 아시아에서 가장 빨리 달리는 선수로 주목받고 있어.

美英 : 那在奥运会上的成绩会怎么样呢? 真的很期待啊!

그러면 올림픽 성적은 어떨까? 정말 기대된다!

张明 : 希望他们有更加出色的表现, 能登上领奖台。

그들이 더 좋은 모습을 보여 시상대에 올랐으면 좋겠어.

美英 : 开幕式进行到哪儿了? 我们继续看吧。

개막식은 어디까지 진행됐어? 우리 계속 보자.

张明 : 好, 边看边聊, 咱们继续看!

좋아, 보면서 얘기하고, 우리 계속 보자!

阅读

什么是田径运动?

田径运动包括跳跃、中长短距离跑、投掷、竞走等共计四十多项运动项目。田径运动又称田径, 是径赛、田赛和全能赛的全称, 田径运动被称为是运动之母。

径赛 : 比赛的时候以用时的长短来计算输赢的是径赛。
田赛 : 比赛的时候以近远度和跳的高度来计算比赛成绩的叫田赛。

径赛

径赛包括男/女短跑、男/女中距离跑、男/女长跑、跨栏、障碍赛和接力。大多数项目从预赛开始, 成绩较好的若干运动员和团队进入半决赛, 之后是决赛。要想成为某个距离跑得最快的人需要的不仅是速度, 还要有强健的体格、出色的力量以及掌握高挑战性技巧的能力, 如短跑中的起跑技术以及跨栏和障碍跑中完美跨栏的技术等等。

短跑包括男子/女子100米、男子/女子200米以及男子/女子400米。上述六个项目和四个跨栏项目 (男、女各两个) 均采用蹲立式起跑, 使用起跑器。

100米短跑将决出世界上速度最快的人类, 是历届奥运会上最受期待的竞赛项目之一。百米飞人大战在直道上完成。1896年雅典奥运会上, 百米用时为12秒。1968年墨西哥城奥运会上, 吉姆·海恩斯 (美国) 成为首位跑进10秒大关的运动员。此后, 美国和牙买加运动员成为打破百米比赛世界纪录的主力军。

目前男子100米的世界纪录是9.58秒, 由历史上最伟大的短跑运动员尤塞恩·博尔特 (牙买加) 在2009年国际田联世界锦标赛上创造。所有跑进10秒的运动员都能做到跑10米用时不到一秒, 太惊人了!

径赛比赛项目

100米 (男子/女子)	110米跨栏 (男子)
200米 (男子/女子)	100米跨栏 (女子)
400米 (男子/女子)	400米跨栏 (男子/女子)
800米 (男子/女子)	3000米障碍 (男子/女子)
1500米 (男子/女子)	4×100米接力 (男子/女子)
5000米 (男子/女子)	4×400米接力 (男子/女子)
10000米 (男子/女子)	4×400米混合接力

第八章 제8장

高尔夫球
골프

生词

挂 guà	[동사] 전화를 끊다.
流行 liú xíng	[형용사] 유행하는. 성행하는.
职业选手 zhí yè xuǎn shǒu	[명사] 프로 선수.
厉害 lì hai	[형용사] 대단하다. 굉장하다.
资格 zī gé	[명사] 자격.
梦想成真 mèng xiǎng chéng zhēn	꿈이 이루어지다.
基本上 jī běn shang	[부사] 대체로. 거의.
路程 lù chéng	[명사] 노정. 총 노선 거리.
遍地 biàn dì	[명사] 도처. 곳곳.
传单 chuán dān	[명사] 전단. 전단지.
好像 hǎo xiàng	[동사] 마치 …과 같다.
宣传单 xuān chuán dān	[명사] 광고 전단.
反正 fǎn zhèng	[부사] 아무튼. 어쨌든.
咨询 zī xún	[동사] 자문하다. 상담하다. 의논하다.
商谈室 shāng tán shì	[명사] 상담실.
工作人员 gōng zuò rén yuán	[명사] 관계자. 종사자. 근무자.

接待 jiē dài		[명사/동사] 접대(하다). 응접(하다).
广告 guǎng gào		[명사] 광고.
具体 jù tǐ		[형용사] 특정의. 상세한. 구체적인.
总体 zǒng tǐ		[명사] 총체. 전체.
年卡 nián kǎ		연회 카드. 년 이용권.
季卡 jì kǎ		시즌 카드. 시즌 이용권.
月卡 yuè kǎ		월 카드. 월 이용권.
服装 fú zhuāng		[명사] 복장.
用具 yòng jù		[명사] 도구. 용구. 기구.
充值 chōng zhí		[동사] (돈을) 충전하다. 채우다.
九折优惠 jiǔ zhé yōu huì		10% 할인.
另外 lìng wài		[대명사] 별도의. 다른. 그 밖의.
储物箱 chǔ wù xiāng		[명사] 사물함. 수납장.
场地 chǎng dì		[명사] 장소. 운동장. 그라운드.
设备 shè bèi		[동사] 설비를 갖추다. 설치되다.
进口 jìn kǒu		[동사] 수입하다.
特别 tè bié		[부사] 특히. 각별히.
尤其 yóu qí		[부사] 특히. 더욱.
地道 dì dào		[형용사] 진짜의. 본고장의.
续卡 xù kǎ		카드를 연장하다.
暂时 zàn shí		[명사] 잠깐. 잠시. 일시.
登记 dēng jì		[명사/동사] 등록(하다).
资料 zī liào		[명사] 자료. 데이터.
建立 jiàn lì		[동사] 맺다. 이루다. 형성하다.
会员档案 huì yuán dàng àn		[명사] 회원 파일. 회원 자료.

张明：你刚刚在和家人通话吗？

너 방금 가족들과 통화 중이었지?

美英：对呀! 我爸爸妈妈说他们要出发去打高尔夫球了，所以就挂了电话了。

맞아! 우리 엄마, 아빠가 말하길 골프를 치러 출발 해야 한다고 해서 전화를 끊었어.

张明：在韩国，高尔夫球运动好像非常流行，对吗？

한국에서 골프가 유행하는 것 같아. 그렇지?

美英：嗯，是的。我从小学开始就在学习打高尔夫球了。

응, 맞아. 나는 초등학교 때부터 골프를 배웠어.

张明：那你应该打得不错吧？

그럼 잘 치겠다?

美英：一般吧，不过我的哥哥是职业选手呢。

그냥 보통이야, 그런데 우리 오빠는 프로 선수야.

张明：好厉害啊! 那他参加过不少比赛吧？

대단하다! 그럼 그는 시합에 많이 참가했겠네?

美英：他参加了韩国的职业高尔夫球巡回赛，目标是想能有资格参加世界级别的比赛。

그는 한국 프로 골프 투어 대회를 참가했어, 목표는 월드 클래스에 출전할 수 있는 자격을 갖추는 거야.

张明：祝你哥哥梦想成真!

　　너의 오빠의 꿈이 이루어지길 빌어!

美英：谢谢。可是我已经很久没有打高尔夫了。

　　고마워. 그런데 난 이미 골프를 안 친 지 오래됐어.

张明：为什么呢?

　　왜?

美英：这里基本上都是室外高尔夫球场，路程又远，价格又很贵。室内的太少了，韩国遍地都是室内高尔夫球馆。

　　이곳은 기본적으로 모두 야외 골프장이어서 거리도 멀고 가격도 매우 비싸. 실내는 별로 없어, 한국 곳곳에서 실내 골프장이 즐비해.

张明：少确实是少，不过你知道吗，六里河附近有一家室内高尔夫球馆，那个不算太远吧?

　　적긴 적지만, 너 알고 있어, 육리강 부근에 실내 골프장이 하나 있는데, 그건 그리 먼 편은 아니지?

美英：是吗? 你不说的话我都不知道。

　　그래? 네가 말 안 했다면, 나는 몰랐어.

张明：我也是前几天刚好收到他们家发的传单才知道的，开了不算很久，最近好像还有活动呢。

　　나도 엊그제 마침 전단지 보낸 걸 보고 알았는데, 오픈한지 얼마 안 됐는데, 요즘도 행사가 있는 것 같아.

美英：哦，是吗? 那我想了解了解。那个宣传单还在吗?

　　아, 그래? 그럼 나도 알고 싶어. 그 전단지는 아직 있어?

张明 : 哎呀! 我已经丢掉了。不过我大概记得地址，反正也不远，我们去看看吗?

어머! 나 벌써 잃어버렸어. 그런데 제가 주소를 대충 기억해. 어차피 멀지 않은데 우리 한번 보러 갈까?

美英 : 好呀! 走吧!

좋아! 가자!

前台 : 两位好! 请问有什么需要帮助的吗?

두 분 안녕하세요! 무엇을 도와 드릴까요?

张明 : 您好，我们想咨询一下贵馆最近的活动。

안녕하세요, 최근 활동에 대해 문의하고 싶습니다.

前 : 可以的，请跟我到商谈室先坐一下，一会儿会有工作人员来接待您。

네, 상담실로 가서 먼저 앉으세요, 잠시 후에 실무자가 당신을 응접하러 올 것입니다.

张明 : 好的，辛苦您了!

네, 수고하세요!

接待 : 您好，请问两位都是第一次来吗?

안녕하세요, 두 분 다 처음 오신 건가요?

张明 : 是的，我们是看到宣传单的广告来的。

네, 저희는 전단 광고를 보고 왔습니다.

美英 : 可以给我们说说活动的具体情况吗?

저희에게 행사의 구체적인 상황을 말씀해 주실 수 있나요?

接待 : 好的, 我先总体介绍一下吧。我们分年卡、季卡和月卡, 除了服装和用具之外, 现在充值的话, 月卡和季卡是九折优惠, 年卡的话打八折哦。另外, 如果您办年卡的话, 我们还可以免费为您提供毛巾和储物箱。

네, 제가 먼저 전체적으로 소개하겠습니다. 저희는 연회, 시즌, 월카드로 나뉘고, 복장과 도구를 제외하고, 지금 충전하면 월 카드와 시즌 카드를 10% 할인해주고, 연회 카드는 20% 할인해드립니다. 또한 연회 카드를 만들면 수건과 수납함도 무료로 제공해드립니다.

美英 : 我们能去看看练习的场地吗?

연습장 좀 보러 갈 수 있을까요?

接待 : 当然可以, 请跟我来。我们的设备是从韩国进口的, golfjoy, 不知道两位听说过吗?

그럼요. 따라오세요. 저희 설비는 한국에서 수입해 왔어요, 골프조이, 두 분 혹시 들어보셨나요?

美英 : 啊! 我知道的。我在韩国练习高尔夫的时候见过。

아! 알고 있어요. 저는 한국에서 골프 연습 할 때 본 적이 있어요.

接待 : 是吗? 您在韩国也呆过?

그래요? 한국에도 계셨어요?

美英 : 我是韩国人啊!

저는 한국인이에요!

接待 : 哇! 您的中文说得也太好了吧? 基本上听不出您是外国人呢!

와! 중국어도 참 잘하시네요? 외국인이라고 거의 들리지 않네요!

张明 : 你看吧! 我就说你中文说得特别好, 你还不信!

봐봐! 내가 너 중국어 아주 잘한다고 했는데, 너 아직도 못 믿잖아!

美英 : 看来语言环境真的很重要呢! 我以前真的说得不好, 来到中国之后, 尤其是交了这么多中国朋友以后, 好像确实更地道了不少!

언어 환경이 정말 중요한가 봐요! 저는 이전에 정말 말을 잘 못했는데, 중국에 온 후, 특히 이렇게 많은 중국 친구를 사귀고 나서 확실히 더 표준적인 것 같아요!

接待 : 对了! 我们的教练也有韩国人哦! 还是专业选手出身的呢!

참! 코치는 한국분도 계십니다! 역시 프로 선수 출신입니다!

美英 : 是吗? 那非常厉害啊。看下来我觉得您家还不错, 不过我还是想先看看价格。

그래요? 그거 대단하네요. 보아하니 제가 생각했을 때 좋은 것 같아요, 하지만 가격을 먼저 알고 싶습니다.

接待 : 每个月的价格是2000元, 现在办理的话月卡1800元, 季卡5400元, 年卡19200元, 您看你想办理什么卡呢?

매월 가격이 2000위안입니다. 지금 만들면 월 카드 1800위안, 시즌 카드 5400위안, 연회 카드 19200위안인데 어떤 카드를 원하세요?

美英 : 嗯......比起韩国还是便宜不少的。我想先办张月卡试试看, 如果感觉不错再说续卡的事情吧!

음… 한국보다 훨씬 싸요. 월 카드를 먼저 만들어보고 싶은데, 만약 괜찮으면 카드 연장에 대해서 얘기해요!

接待 : 可以的。请问这位男士也办卡吗?

가능합니다. 실례지만 이 남성분도 카드를 만드시나요?

张明 : 我暂时不需要了。谢谢!

전 당분간 필요 없어요. 감사합니다!

接待 : 好的! 那请跟我到商谈室再坐一会儿, 我给这位女士登记资料和建立会员档案。

네! 그럼 상담실로 가서 잠시 앉아있으세요. 제가 이 여자분 등록 자료와 회원 파일을 만들어 드릴게요.

美英 : 好的, 辛苦您了!

네, 수고하세요!

高尔夫简介

高尔夫是一种使用不同的球杆并按一定的规则将球击入指定的球洞的室外体育运动。

1. 什么是高尔夫球

高尔夫球被称为世界上难度最大的运动, 打高尔夫的目的就是用14支球杆, 以最少的击球次数将球按次序击入18个球洞中, 总杆数越少表示水平越高。高尔夫球与足球、网球一起并称为世界三大体育运动;

2. 高尔夫球场介绍

一个标准的高尔夫球场为18洞, 高尔夫球场是以9洞为单位, 如远古客户中的石家庄世纪高尔夫为9洞球场、广州至尊高尔夫为18洞球场、深圳沙河高尔夫为27洞球场、中山长江高尔夫为36洞球场、北京乡村高尔夫为54洞球场等;

3. 中国高尔夫行业简介

二十世纪，高尔夫运动开始传入我国。一九三一年，上海成立了高尔夫球游戏中心。同年，中、英、美商人合办高尔夫球俱乐部，在南京陵园体育场旁开辟高尔夫球场。真正起步是从1984年中国第一家高尔夫球场——中山温泉高尔夫球场开业，标志着中国高尔夫行业的开始。截止目前，我国已拥有开业球场300家，高尔夫球爱好者超过500万，且打球人口每年在以20-30%的速度递增，预计2008年将有500家球场开业。

4. 高尔夫的起源

高尔夫起源于15世纪或更早以前的苏格兰，苏格兰地区山多，气候湿润，多雾，极适牧草生长，因此畜牧业发达。相传当时牧羊人放牧时，用牧鞭玩游戏，将石子击入兔子窝中，久而久之形成了使用不同的球杆并按一定的规则击球的游戏。

5. 高尔夫球场的组成

果　　岭：在洞口附近特别将草修剪的很短的区域。

发球台：是各洞最初发球的地方，以两个标钉连成一线为标示，在此线后方延伸两支球杆长度的范围内，都是可以发球的区域。

球　　道：从发球台到果岭之间，铺有修剪过的草坪，草长度一般1.2cm，球道的宽度一般为30-70码。

长草区：位于球道两侧、发球台侧边、果岭侧边等。

障碍区：沙坑、水池、林带、河流等。

ＯＢ区：界外，不可打球之区域，用白色桩标示，也可用栏杆、围墙替代。

6. 高尔夫的礼仪

打球时着装：有领的上衣和休闲西裤，穿有特制胶钉的高尔夫球鞋下场打球。

进入俱乐部会所的着装：女士着装可以时尚化一些，但要有领子，不可穿群、短吊、连衣裙。男士可穿休闲运动或正装，不可穿背心、拖鞋等。

观看高尔夫球比赛时着装：运动休闲和平底鞋。

在会所休息和就餐时、其他球员准备击球或击球中、其他球员打球过程中、观看比赛需要保持安静。

7. 高尔夫基本打法

左手：把杆子从食指靠掌的第一指节斜着横贯上紧紧地靠着掌缘下端的厚肉垫，大拇指跟食指的"V"形纹要指着右眼。

右手：全用指头去握杆，杆子直着压过靠掌的指节上，一定要握在手掌之外。中指及无名指吃力最重，在练习右手握杆的时候，把右手的大拇指和食指拿开，拇指和食指形成"V"形纹指着下巴。

合 ：两手握杆的时候，要联结在一起形成一体。右手的小指头在左手指和中指之间的夹缝里；左手的大拇指正好平稳地被藏在右掌拇指下的窝里。

站姿：右脚方方正正的抵着假想中与弹道平行的一条线呈90°。

8. 著名的高尔夫赛事

大师赛：1934 年创设，每年在乔治亚州的奥古斯塔球场举行邀请赛。美国名人赛可谓是世界高尔夫球比赛的第一。它具有特殊的参赛规定，其总奖金和冠军奖金是四大赛中最高的。它是四大赛中唯一一场地固定的比赛。

美国高尔夫球公开赛：1895 年设立，由美国高尔夫球协会所主办，是高球界最具权威且最难获胜的赛会，职业与业余球员皆可参加。美国公开赛的全称是美国公开锦标赛，由美国高尔夫协会主办。每年6月在美国的不同球场举行比赛。比赛分四天举行，每天打18洞，共72洞。

英国高尔夫球公开赛：世上历史最悠久的高尔夫球比赛；1860年由英国 高尔夫球协会开办。英国公开赛是四大赛之一，它是世界高尔夫史上最古老也是最负声望的大赛，首届比赛于1860年举办，当时只有8人参加。但如今从规模来看，它是四大赛中参赛人数最多的一个。

PGA比赛：由美国职业高尔夫球协会所主办，非会员无资格参加，PGA锦标赛在四大赛中奖金总额第二位，冠军奖金额仅次于美国名人赛，列第二位。每年8月举行，是四大赛的最后一项。1916–1957年采取比洞赛方式，1958年至今采取比杆赛方式。

扩展资料：打高尔夫的注意事项

1. 严禁迟到

参加高尔夫比赛的最大禁忌就迟到。

2. 事先了解参赛条件

每位参赛者必须於赛前了解球场所定之比赛条件：比赛的正确时间、各组成员之编排、第一洞是一号或十号、比赛当天当地的规则。

3. 球杆数只限十四支

在正规的竞赛中，每位选手只能携带十四支以内的球杆参赛，球杆若少於十四支时可补充到十四支。比赛中可更换损坏或不堪使用的球杆，但以不耽误比赛为原则，而且不论补充或更换球杆，皆不得向球场上任何一位参赛者借用。球杆一旦借出后，直至比赛终止，借出的球杆将供借用者使用，借出的一方不得使用之。

第九章
제9장

跳水和游泳
다이빙과 수영

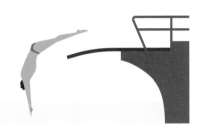

生词

新闻 xīn wén		[명사] (매스컴의) 뉴스.
跳水 tiào shuǐ		[명사/동사] 다이빙(하다).
看热闹 kàn rè nao		[동사] 구경하다.
选手 xuǎn shǒu		[명사] 선수.
组合 zǔ hé		[동사] 조합하다. 짜 맞추다. 한데 묶다.
规定动作 guī dìng dòng zuò		[명사] 규정 동작.
自选动作 zì xuǎn dòng zuò		[명사] 자유 동작.
收官 shōu guān		[동사] 마무리 단계에 접어들다.
利落 lì luo		[형용사] (동작이) 재빠르다. 민첩하다.
同步 tóng bù		[형용사] (서로) 진행 속도를 맞추다. 보조를 맞추다.
技术含量 jì shù hán liàng		[명사] 기술 함량. 기술 순도. 기술 수준.
屈体 qū tǐ		굽히기형(다리를 쭉 뻗고 엉덩이를 구부려 몸을 둥글게 접는 자세).
姿势 zī shì		[명사] 자세. 모양.
直体 zhí tǐ		직립형(몸은 완전히 펴고 팔은 자유롭게 두는 자세).

抱膝 bào xī	껴안기형(구부린 두 무릎을 양손으로 안은 자세).
翻腾 fān téng	[동사] (다이빙에서) 공중 회전하다.
转体 zhuǎn tǐ	[동사] 돌다. 비틀다. 회전하다.
计分 jì fēn	[동사] 채점하다. 점수를 계산하다.
自由泳 zì yóu yǒng	[명사] 자유형.
仰泳 yǎng yǒng	[명사] 배영.
蛙泳 wā yǒng	[명사] 평영.
蝶泳 dié yǒng	[명사] 접영.
混合泳 hùn hé yǒng	[명사] 혼영.
凉爽 liáng shuǎng	[형용사] 시원하고 상쾌하다.

对话

张明 : 看今天的新闻了吗？ 中国女子跳水拿了一块金牌。这是中国跳水队在这次奥运会上的第一块金牌。

오늘 뉴스 봤어? 중국 여자 다이빙에서 금메달을 땄어. 중국 다이빙 팀의 이번 올림픽에서 첫 번째 금메달이야.

美英 : 是吗？ 哪个项目？

정말? 어떤 종목이야?

张明 : 女子双人3米板决赛，我正在看比赛录像呢。

여자 복식 3미터 결승전, 나는 지금 경기 비디오를 보고 있어.

美英 : 我也喜欢看跳水，技术上我可不懂，只是看热闹罢了。

나도 다이빙 보는거 좋아해. 기술은 잘 모르지만 그냥 구경할 뿐이야.

张明 : 你看，这就是中国跳水队的选手，施延懋和王涵组合。

　　이것 봐, 이것이야말로 중국 다이빙팀의 선수야, 슬옌마오와 왕한의 조합이야.

美英 : 这个项目是怎么比赛的？

　　이 종목은 어떻게 경기를 해?

张明 : 比赛一共五轮，前两轮是规定动作，后三轮是自选动作，按总成绩计分。

　　시합은 모두 다섯 번으로 앞의 두 번은 규정 동작, 뒤의 세 번은 자유 동작이야.
합계에 따라 점수를 매겨.

美英 : 要比赛五轮啊，真不容易。

　　다섯 번 시합을 하다니 쉽지 않네.

张明 : 不过，施廷懋和王涵的表现一直很稳定。注意看她们的最后一跳。

　　하지만 슬옌마오와 왕한의 활약은 꾸준했어. 그녀들의 마지막 점프를 주의 깊
게 보아야해.

美英 : 漂亮! 她们入水的时候水花特别小啊!

　　멋져! 그녀들이 입수했을 때 물보라가 매우 작아!

张明 : 总分326.40分，完美收官!

　　총점 326.40점, 완벽한 마무리네!

美英 : 而且，我觉得她们的动作干净利落，基本上完全同步啊。

　　게다가 그녀들의 동작이 깔끔하고 민첩해, 거의 완전 진행 속도를 맞췄어.

张明 : 你说得很好，有点技术含量啊，看来你可不光是"看热闹"啊!

　　네가 말을 아주 잘했어, 기술 함량이 좀 있네. 보아하니 너는 단지 '구경'만이
아니구나!

美英 : 其实，我只会说这一些了，我连这叫什么动作都不知道呢。

사실, 나는 이것만 말할 줄 알지, 이것이 무슨 동작인지 조차 몰라.

张明 : 她们的这个动作叫做"向内翻腾两周半屈体"。

그녀들의 이 동작은 안으로 공중회전해서 두바퀴 반 몸을 구부리는 거야.

美英 : 你太厉害了! 什么叫屈体?

너 너무 대단해! 굽히기형은 뭐야?

张明 : 在跳水比赛中，有四种跳水姿势，屈体就是其中的一种。

다이빙 경기 중에는 네 종류의 다이빙 자세가 있는데, 굽히기형은 그 중의 하나야.

美英 : 那另外三种姿势是什么?

그럼 다른 세 가지 자세는 뭐야?

张明 : 另外三种姿势是直体、抱膝和翻腾兼转体。

다른 세 가지 자세는 직립형, 껴안기형, 공중회전과 몸을 비트는걸 겸하는거야.

美英 : 那裁判是怎么计分的呢?

그럼 심판은 어떻게 점수를 매겨?

美英 : 啊，这可太专业了，我只知道，裁判会根据运动员的开始动作、助跑、起跳、空中动作和入水动作来评定分数。

아, 이건 정말 전문적이야. 나는 단지 심판이 선수의 시작 동작, 도움닫기, 도약 동작, 공중 동작, 입수 동작에 따라 심사해서 점수를 매긴다는 것만 알아.

美英 : 你今天可是给我好好上了一课。

오늘 정말 나에게 한 과목을 잘 가르쳐 줬네.

张明 : 我不懂的还多着呢, 只不过可能比你知道得稍多一点儿吧。

내가 모르는 게 더 많긴 한데, 다만 너보다는 조금 더 아는 것뿐이야.

美英 : 知道的不多也没关系啊, 就和我一样, 看热闹呗!

많이 알지 못해도 상관없어. 나와 같이 구경하자!

张明 : 哈哈!

하하!

美英 : 说实话, 除了跳水, 接下来, 我还想看看游泳比赛。

솔직히 다이빙 말고도 수영 경기를 보고 싶어.

张明 : 游泳比赛项目也很多啊, 有自由泳、仰泳、蛙泳、蝶泳、混合泳等, 可以让你看个够。

수영 경기 종목도 매우 많아. 자유형, 배영, 평영, 접영, 혼영 등이 있어서 충분히 보여줄 수 있어.

美英 : 这个夏天, 比赛一项接一项, 真过瘾。

이번 여름에 시합이 하나둘씩 계속되니 정말 신난다.

张明 : 而且, 在这么热的天气里, 看着这些水上比赛, 马上就会觉得超凉爽呢!

그리고 이렇게 더운 날씨에 물에서 하는 경기만 봐도 바로 시원할 것 같아.

奥运会游泳比赛项目

男子自由泳：50米、100米、200米、400米、800米、1500米

女子自由泳：50米、100米、200米、400米、800米、1500米

男子仰泳：100米、200米

女子仰泳：100米、200米

男子蛙泳：100米、200米

女子蛙泳：100米、200米

男子蝶泳：100米、200米

女子蝶泳：100米、200米

男子混合泳：200米、400米

女子混合泳：200米、400米

男子自由泳接力：4×100米、4×200米

女子自由泳接力：4×100米、4×200米

男子混合泳接力：4×100米

女子混合泳接力：4×100米

男女混合混合泳接力：4×100米

男子公开水域游泳：10公里

女子公开水域游泳：10公里

跳水和游泳项目介绍

世界顶级男子自由泳选手可以爆发非凡的力量和速度，在大约21秒的时间内游50米；在仰泳比赛中，游泳者背躺水中，用双臂在水面滑动前行；在蝶泳比赛中，运动员双臂对称划水，同时双腿和手臂协调配合进行打腿，优美的泳姿让人联想到一只飞翔的蝴蝶。蛙泳是唯一一个运动员在划水后需要在水中将双手伸向前方的泳姿。蛙泳的关键在于尽可能产生最大的向前推力和最小的迎面阻力。

在个人混合泳项目中，每位运动员都将使用全部四种泳姿完成比赛，泳姿顺序如下：蝶泳、仰泳、蛙泳、自由泳。由于每位运动员都有自己擅长的泳姿，运动员在比赛中的实时排名可能会随着泳姿的变更而改变。个人混合泳比赛精彩刺激，同时不失乐趣，非常适宜观看。

跳水运动根据运动员起跳时面朝方向、转体和旋转的方向以及是否倒立起跳做出区分。打分依据为运动员动作完成的优美程度以及入水水花大小。运动员空中动作包括三种翻腾（直体、曲体、抱膝）。另外，双人跳水项目还需考量两位运动员之间的动作协调默契程度。满分10分，根据评分标准进行相应的扣分。

入水质量的高低是这项运动吸引观众的要素之一。在奥动会层面，世界顶尖跳水运动员的入水几乎没有水花，只是在水面冒几个气泡而已。

第十章
제10장

长跑和马拉松
장거리 경주와 마라톤

生词

举行	jǔ xíng	[동사] 거행하다. 개최하다. 치르다.
网址	wǎng zhǐ	[명사] 웹사이트 주소. 인터넷 주소.
详细	xiáng xì	[형용사] 상세하다. 자세하다.
耐力	nài lì	[명사] 인내력. 지구력.
挑战	tiǎo zhàn	[동사] 도전하다.
极限	jí xiàn	[명사] 극한. 최대한.
研究	yán jiū	[명사/동사] 연구(하다).
充分	chōng fèn	[형용사] 충분하다.
非洲	fēi zhōu	[명사] 아프리카 주.
肯尼亚	kěn ní yà	[명사] 케냐.
顶尖	dǐng jiān	[형용사] 최고의. 최상의. 수준급의.
基因	jī yīn	[명사] 유전자.
到位	dào wèi	[동사] 실현하다. 달성하다.
大致上	dà zhì shang	[부사] 대체로. 아마도.

关节 guān jié	[명사] 중요한 부분. 중요한 시기.
适应能力 shì yìng néng lì	[명사] 적응 능력. 적응력.
突发状况 tū fā zhuàng kuàng	[명사] 돌발 상황.
慎重 shèn zhòng	[형용사] 신중하다.
重在参与 zhòng zài cān yù	동참하다.
提上日程 tí shàng rì chéng	일정에 오르다.
穿戴 chuān dài	[동사] 입고 달다. 착용하다.
速干运动服 sù gān yùn dòng fú	속건 운동복.
压缩肌能袜 yā suō jī néng wà	압축 기능 양말.
啰嗦 luō suo	[형용사] 말이 많다. 수다스럽다.
切记 qiè jì	[동사] 마음에 새기다. 명심하다.
抽筋 chōu jīn	[동사] 근육 경련이 일어나다.
救援车 jiù yuán chē	[명사] 구조차. 구급차.
冲刺 chōng cì	[동사] 스퍼트 하다. 끝판 힘내기하다.
猝死 cù sǐ	[동사] 급사하다.
拉伸 lā shēn	[동사] 잡아당기다. 잡아끌다.
忌口 jì kǒu	[동사] (병이나 다른 원인으로) 음식을 가리다.
辛辣 xīn là	[형용사] (맛이) 맵다.
生冷 shēng lěng	[명사] 날 음식과 찬 음식.
油腻 yóu nì	[형용사] 기름지다. 기름기가 많다.
清淡 qīng dàn	[형용사] (맛·색깔 따위가) 담백하다.
碳水化合物 tàn shuǐ huà hé wù	[명사] 탄수화합물. 탄수화물.
操作 cāo zuò	[동사] 조작하다. 다루다.

张明 : 听说市里要举行"国际青年马拉松友好赛", 你知道这个消息吗?

듣자하니 시에서 '국제청년마라톤 친선대회'가 열린다는 소식을 알고 있었어?

美英 : 是吗? 我还真不知道呢! 什么时候举行啊?

그래? 난 아직 모르고 있었어! 언제 열려?

张明 : 我把这个活动的网址发给你吧, 上面有很详细的信息。好了, 你看看!

이 활동의 인터넷 주소를 보내 줄게. 거기에 상세한 정보가 있어. 자, 봐봐!

美英 : 好的。我回去仔细看看。

좋아. 내가 돌아가서 자세히 봐볼게.

张明 : 我打算参加这个比赛, 你有兴趣参加吗?

나는 이 시합에 참가할 예정인데, 너는 참가할 흥미가 있어?

美英 : 我想是想, 但是感觉很难啊! 我以前只参加过学校组织的长跑比赛, 还没有试过跑马拉松呢!

생각은 했는데, 어려운 느낌이야! 나는 이전에 학교에서 조직한 장거리 경주 대회에 참가한 적이 있을 뿐 아직 마라톤을 해 본 적이 없어.

张明 : 我也是第一次有参加马拉松的打算。以前我也只参加过长跑。

나도 마라톤에 참가할 생각은 처음이야. 예전에 나도 장거리 경주에만 참가해 봤어.

美英 : 长跑可以锻炼耐力, 我非常喜欢长跑。

장거리 경주는 지구력을 단련시킬 수 있어서 나는 장거리 달리기를 매우 좋아해.

张明 : 那就一起参加这次马拉松比赛吧？挑战一下极限怎么样？

그럼 이번 마라톤에 같이 출전할래? 극한에 도전해 보는 거 어때?

美英 : 行！那我可要好好研究一下，做好充分的准备才行。

좋아! 그럼 난 연구 좀 하고, 준비 단단히 해야겠어.

张明 : 我记得去年的比赛有不少来自非洲的留学生参赛，夺得第一名的好像是来自肯尼亚的留学生。

내가 기억하기에 지난해 대회에는 아프리카주에서 온 유학생들이 많이 참가했는데, 1등은 케냐 유학생인 것 같아.

美英 : 许多世界上顶尖的长跑选手都来自肯尼亚。这似乎是他们基因中就带有的特长。

많은 세계 최고의 장거리 경주 선수들은 모두 케냐 출신이야. 이건 마치 그들의 유전자에 담긴 특기인 것 같아.

张明 : 我也有这样的感觉。哈哈，你的"神总结"还真是到位！

나도 그런 느낌이 들어. 하하, 너의 '신 총결산'이 정말 제대로 되었구나!

美英 : 跑马拉松前的准备和跑长跑的准备都一样吗？

마라톤을 하기 전의 준비와 장거리 경주의 준비는 모두 같아?

张明 : 大致上所需要做的准备是差不多的，不过还是有一些区别。

대체로 해야 할 준비는 비슷하지만, 여전히 약간의 차이가 있어.

美英 : 我知道跑前要热身，对吧？

뛰기 전에 몸을 풀어야 해, 맞지?

张明：对！长跑前，先做5－10分钟的热身运动就可以了，主要是为了放松身体的各个关节；跑马拉松的话，热身运动的时间要稍微长一些，最理想的是能在开始跑之前的30分钟左右开始热身，从而能够提高身体温度，并且提高心脏的适应能力。

맞아! 장거리 경주 전에 먼저 5-10분 정도 몸을 풀면 되는데, 주로 몸의 각 관절을 풀어주기 위해서 해. 마라톤을 뛰려면 몸을 풀 수 있는 시간이 조금 더 길어야 하는데, 달리기 시작하기 30분 전부터 몸을 푸는 게 가장 이상적이야. 따라서 몸의 온도를 높일 수 있고, 심장의 적응력을 향상시키는 거야.

美英：那到了比赛那天，要提前一个小时到才行啊!

그럼 경기하는 날이면 한 시간 전에 도착해야 되겠네!

张明：差不多，其实我觉得可以再早一些到，因为第一次参加也不知道会不会有什么突发状况，要不然我们提前一个半小时或者两个小时到吧?

비슷해. 나는 사실 조금 더 일찍 도착할 수 있을 것 같아. 첫 참가여서 어떤 돌발 상황이 올지 모르니, 우리 한 시간 반이나 두 시간 정도 일찍 도착하는거 어때?

美英：也行。

좋아.

张明：确定要参加的话，我们回去就报名吧?

참가를 확정한다면, 우리는 돌아가서 신청할까?

美英：好呀! 我报名成功后给你发信息。

좋아! 내가 신청에 성공하고 메세지 보낼게.

张明：那我们可要做一些训练啦，在比赛之前至少要跑一次30公里，最差要在3个半小时之内跑完。如果跑不完，就要慎重参赛了。

그럼 우리는 훈련을 해야겠네. 경기 전에 30km를 한 번 이상 뛰어야 하고, 늦어도 3시간 30분 안에는 뛰어야 해. 만약 다 뛰지 못하면 신중히 경기에 임해야 해.

美英 : 我的天啊, 光是训练, 听起来都感觉完不成的样子。

맙소사, 훈련만 해도 안 될 것 같아.

张明 : 别这样说, 所以从训练开始努力, 我也是第一次参加, 重在参与嘛!

그렇게 말하지마, 훈련부터 열심히 하자. 나도 처음 참가했는데, 동참하는게 중요하잖아!

美英 : 那我们赶紧把训练提上日程吧!

그럼 우리 빨리 훈련 스케줄 잡자!

张明 : 没问题, 训练时间估计都要半天, 我看我们周末训练吧? 对了! 不管是训练还是正式参赛, 都记得要穿戴专业的跑鞋、速干运动服装和运动内衣裤, 还要穿压缩肌能袜。特别提醒一下要穿最少跑过50公里以上的鞋子、内衣, 千万不要穿新的!

문제 없어, 훈련시간이 반나절은 족히 걸릴 것 같은데, 우리 주말에 훈련할까? 아참! 훈련이나 정식 출전 모두 전문적인 운동화와 속건 스포츠 의류, 속옷을 착용하고, 압축 기능 양말을 신어야 해. 특히 최소 50km 이상 달려본 신발, 속옷을 착용하고, 새것을 착용하지 마.

美英 : 好的, 那之后的训练我都尽量穿同一套了。

좋아, 그 후의 훈련은 모두 같은 옷을 입어야겠다.

张明 : 我再啰嗦一次, 不管是训练还是正式比赛, 有几点一定要注意 : 第一, 切记跑前一定要热身, 不然很容易受伤。第二, 头5公里一定不要跑太快, 要比平时训练时的速度慢10-20秒, 让心脏和身体适应以后再加速, 开头跑的快没用，坚持跑到最后才是赢家。第三，跑步过程中注意倾听自己身体的声音，一旦出现想呕吐、抽筋、心脏跳动不匀，一定要放缓速度，跑的再快我们也是业余的，拿不到名次，生命安全才是最重要的，对吧？待调整适应后再加速，不行就弃赛，在路边等待赛事救援车。第四，冲刺过终点后千万不要立马停下来，不然很容易猝死，即便终点处人多，也要慢慢放缓脚步跑200–300米再慢慢停下。第五，跑后一定要拉伸，不然等着腿疼吧，拉伸好了，第二天腿应该会好很多的。

다시 한번 수다를 떨지만 훈련이든 본 경기이든 몇 가지 주의 사항이 있어. 첫째, 달리기 전에 반드시 몸을 풀어야 해, 그렇지 않으면 부상을 입기 쉬워. 둘째, 처음 5km는 너무 빨리 뛰지 말고, 평소 훈련할 때 속도보다 10-20초 정도 느리게 뛰면서, 심장과 몸을 적응시킨 뒤 가속하고, 시작이 빨라도 소용없고, 끝까지 달리는 사람이 승자야. 셋째, 달리기를 하면서 자기 몸의 소리를 주의 깊게 듣고, 구토하고 경련이 나거나 심장이 고르지 않으면 반드시 속도를 늦추어야 해. 아무리 빨리 달려도 우리는 아마추어로서 순위를 할 수 없어. 안전한 생명이 가장 중요해. 그렇지? 적응이 끝난 뒤에야 속도를 내고, 안 되면 경기를 포기하고 길가에서 대회 구조차를 기다려야 해. 넷째, 스퍼트를 한 뒤에는 절대 바로 멈추지 마, 그렇지 않으면 급사하기 쉬워. 결승점에 사람이 많더라도 천천히 걸음을 옮겨가며 200~300m를 달리다 멈춰. 다섯 번째, 뛰고 나면 반드시 스트레칭해야 해, 그렇지 않으면 다리가 아플 거야. 스트레칭을 잘 하면 다음 날 다리가 훨씬 좋아질 거야.

美英 : 哇! 你怎么知道的这么详细？

와! 네가 어떻게 이렇게 상세하게 알았어?

张明 : 虽然我还没参加过马拉松，但是我好歹也是体育大学的呀，注意事项我还是知道的。

아직 마라톤은 안 해봤지만, 그러나 난 어쨌든 체대생이라 주의사항은 알아.

美英 : 遵命!

　　분부대로 할게!

张明 : 跑步前的休息和饮食也要注意哦, 跑前一天就要忌口了, 不要喝酒、不吃辛辣、生冷、不宜消化油腻的食品, 饮食要清淡, 适当吃糖分高的食品, 多吃碳水化合物高的食品。比赛当天早上, 最好吃面包、一小份咸菜、喝稀饭, 不要喝豆浆牛奶, 吃鸡蛋油条之类不好消化的, 跑前两个小时吃完早饭。

　　달리기 전 휴식과 식사도 주의해야 해. 뛰기 전날부터 금식해야 해. 술 마시거나 맵고 날음식과 찬 음식, 기름진 음식을 먹지 말아야 하고, 음식은 담백하고 당분이 높은 음식을 먹으며 탄수화물이 높은 음식을 먹어야 해. 경기 당일 아침에는 빵, 장아찌 조금, 죽 등을 먹고 두유, 우유는 마시지 말고, 계란, 요우티아오같이 소화가 안 되는 것을 먹지 말아야 하고, 뛰기 2시간 전에는 아침을 다 먹어야 해.

美英 : 哈哈, 到时候一起吃早餐吧。

　　하하, 그때 같이 아침 먹자.

张明 : 哎呀! 一不小心说太多了, 行! 到时候我再提醒你。那现在我们回自己的寝室去报名吧? 操作好了互相知会一声。

　　아이고! 너무 많이 말했네, 좋아! 그때 내가 다시 알려줄게. 그럼 이제 우리 침실로 돌아가서 신청할까? 다 처리하면, 서로 말하자.

美英 : 好的。那一会儿联系。

　　좋아. 그럼 잠시 뒤에 연락할게.

马拉松的小故事

公元前492年的春天，波斯又想征服美丽富饶，欣欣向荣的希腊城邦了。波斯派出大批战舰入侵和他们隔海相望的希腊，开始了历史上著名的希波战争。天有不测风云，波斯的海军在海上遭到飓风袭击，300艘战舰，多名海军官兵全部葬身海底。波斯的陆军失去海军的呼应，好像一支独臂，遭到色雷斯人的袭击，波斯的统帅也身负重伤。这次侵略希腊的军事行动不得不半途而废了。

波斯国王暴跳如雷。第二年，他幻想不战而降服希腊。他派出使者到希腊各城邦要"水和土"，意思是让他们臣服归顺波斯。希腊中部和北部的小城邦惧怕波斯帝国的武力，都屈膝投降了。但希腊最大的两个城邦——雅典和斯巴达岂能低下他们高傲的头？雅典人把波斯使者从悬崖抛入大海，斯巴达人把使者丢进井里，让他们自己去取"水和土"。

大流士一生也没受到这样的羞辱，他恼羞成怒，他决定派最有经验的大将军第二次出征希腊。公元前490年，波斯大军横渡爱琴海，在雅典郊外的马拉松平原登陆。处境险恶的雅典，一面紧密动员，加强戒备，一面派当时的长跑能手斐里庇第斯日夜兼程去200多公里远的斯巴达城邦求助。这位长跑健将以惊人的速度只用了一天多的时间便到达斯巴达。但斯巴达人却以祖宗规定，月不圆不能出兵为由拒绝出兵。斐里庇第斯苦苦哀求，但斯巴达人无动于衷，斐里庇第斯无奈，只好赶回马拉松复命。

雅典人听到斯巴达人不出兵的消息后，他们并不气馁，他们立即把全体公民组织起来，甚至奴隶也编入军队，赶往马拉松，占据有利地形。按雅典法律，雅典的10位将军在出征期间应轮流掌握兵权，每人一天。采取重大军事行动时须事先经过10将军商量，最后以少数服从多数原则做出决议。在雅典军事执政官卡利乌斯的主持下召开了军事会议。会上10位将军围绕着是被动防御，还是主动出击的问题，展开了激烈的辩论。一位叫米太亚得的将军主张主动出击。表决时，5票对5票。执政官卡利乌斯支持了米太亚得将军。为了发挥米太亚得的指挥才能，其它将军都自愿放弃自己轮流当总司令的权利，让米太亚得一人全权指挥这场战争。

当时雅典军队有一万人，加上一千援军，总共不过一万一千人。而波斯军队有10万人，而且装备精良。在敌强我弱的情况下，米太亚得决定不与敌人硬拼，而是把战线稍稍拉长，把精锐步兵安排在两侧，正面战线上的兵力比较薄弱。

　　公元前490年9月12日清晨，大战前夕，米太亚得对希腊将士做战斗动员，他说："雅典是永远保持自由，还是戴上奴隶的枷锁，关键就在你们。"他激动人心的话语，激励了士兵们保家卫国的决心。激战开始了，希腊士兵在下面发起进攻，波斯军队不知是计，立即反攻。希腊军队边战边退，波斯军队步步进逼。在千钧一发的时刻，埋伏在两侧的士兵以迅雷不及掩耳之势冲出，从两侧夹击波斯军。波斯军队由于追击希腊人，战线拉得过长，这时陷入希腊军队的包围，首尾不能相顾，连忙慌慌逃向海边，想上船逃跑。希腊军队尾追至海边，和波斯军展开夺取军舰的战斗。一位叫基纳尔的希腊战士，他奋不顾身地用手抓住战船，被敌人砍掉了一只手，他忍住疼痛，用另一只手抓住战船，终于和战友们一起夺取了一艘战船。这场战役中，波斯人丢下了6400具尸体和7条战船。雅典人牺牲了192人，其中有执政官卡利乌斯和几位将军。当天晚上，斯巴达派来的2000名前锋战士赶到时，只见月光下尸首遍野的战场。

　　米太亚得急于把胜利的消息告诉正在焦急等待的雅典人民，他又选中长跑能手斐里庇得斯去传送消息。这位长跑能手当时已受了伤，可是，为了让同胞们早点知道胜利的消息，他拼命奔跑，当他跑到雅典城的中央广场时，已上气不接下气，他激动地喊到："欢乐吧，雅典人，我们胜利啦！"喊声刚落，他便一头栽倒在场，再也没有醒来。

　　希波战争持续了将近半个世纪。马拉松战役是希腊人和波斯人交锋的第一仗，这场战役极大地鼓舞了希腊人为自由和独立而战的斗志。

　　为了纪念这场战役的胜利和表彰尽职尽力的英雄斐里庇得斯的功绩，1896年，雅典人在第一届奥林匹克运动会上，规定了一个新的竞赛项目——马拉松赛跑。距离是马拉松至雅典的距离，根据当年斐里庇得斯经过的路线确定为全程40公里又200米。1920年，经过仔细测定又把距离改为42公里又195米。斐里庇得斯的名字和马拉松战役将随着奥林匹克运动会的圣火一代又一代地留存在人间。

太极拳
태극권

生词

武术 wǔ shù		[명사] 무술.
太极拳 tài jí quán		[명사] 태극권.
马马虎虎 mǎ mǎ hu hu		[형용사] 그저 그렇다. 그저 그만하다.
厉害 lì hai		[형용사] 대단하다. 굉장하다.
以柔克刚 yǐ róu kè gāng		[성어] 부드러움으로 강함을 이기다.
		유연한 방법으로 강한 적을 제압하다.
失眠 shī mián		[명사] 불면증.
压力 yā lì		[명사] 스트레스. 중압감.
羡慕 xiàn mù		[동사] 부러워하다. 흠모하다.
放松 fàng sōng		[동사] (근육을) 이완시키다.
呼吸 hū xī		[동사] 호흡하다. 숨을 쉬다.
肩膀 jiān bǎng		[명사] 어깨.
肌肉 jī ròu		[명사] 근육.
肘关节 zhǒu guān jié		[명사] 팔꿈치 관절.

弯曲 wān qū		[동사] 굽히다. 구부리다.
重心 zhòng xīn		[명사] 중심.
马步 mǎ bù		[명사] 기마자세.
平视 píng shì		[동사] 앞을 똑바로 보다. 정면을 응시하다.

对话

(广场上, 一位老人在练太极拳)

(광장에서 한 노인이 태극권을 연습하고 있다)

美英 : 晨练的人真多啊, 那个老人在练什么? 是武术吗?

아침에 수련하는 사람이 참 많네, 저 노인은 어떤 수련을 하고 있어? 무술이야?

张明 : 哪呢? 啊, 那是太极拳。走, 过去看看?

어디? 아, 그건 태극권이야. 가자, 가서 볼래?

美英 : 您好啊! 您的太极拳打得真好!

안녕하세요? 태극권을 참 잘하시네요!

老人 : 马马虎虎! 年轻人, 喜欢太极拳吗?

그저 그래요! 젊은이, 태극권을 좋아하나요?

张明 : 喜欢是喜欢, 不过, 看起来挺难的。

좋아하긴 좋아해요, 하지만 어려워 보여요.

老人 : 难倒不难, 要打得好可不容易。

어렵진 않지만, 잘 하기는 쉽지 않아요.

美英 : 我知道中国的李小龙和成龙, 他们的中国功夫真厉害。可是, 太极拳看起来很慢, 很柔, 到底对身体有什么好处呢?

저는 중국의 이소룡과 성룡을 알고 있어요. 그들의 중국 무예는 정말 대단해요. 하지만 태극권은 느리고 부드러워 보이는데, 도대체 건강에 어떤 장점이 있을까요?

老人 : 别看它柔, 却能以柔克刚呢!

태극원이 부드럽다고만 보지 마세요, 유연한 방법으로 강한 적을 제압할 수 있어요

张明 : 对, 太极拳也是一种中国武术, 已经有 2000 多年的历史了, 最大的特点就是以柔克刚。

네, 태극권도 중국 무술의 일종으로 2000년의 역사를 가지고 있고, 가장 큰 특징은 유연한 방법으로 강한 적을 제압하는 거예요.

美英 : 它能治病吗? 最近不知道怎么回事, 经常失眠, 还掉头发。

태극권도 병을 고칠 수 있을까요? 요즘 어찌된 일인지 잠을 잘 못 이루고, 머리카락도 빠져요.

老人 : 你一定是工作压力太大了吧? 练太极, 可以帮你减轻压力, 强身健体, 好处多着呢!

업무 스트레스가 너무 심한 거 아니에요? 태극권 수련을 하면, 스트레스를 덜어 줄 수 있고, 신체를 건강하게 하는데 도움을 줄 수 있어요, 장점이 많아요!

张明 : 您打太极打了多少年了? 看您的精神状态, 真让人羡慕!

태극권을 몇 년 동안 해 오셨어요? 당신의 정신 상태를 보니 정말 부럽습니다!

老人 : 我呀, 打了40年了。太极拳既健身又养生, 不光老年人喜欢, 你看, 还有很多年轻人都在这儿练呢!!

저야, 40년 동안 해왔어요. 태극권은 몸을 튼튼히 하고, 보양도 됩니다. 어르신들이 좋아할 뿐만 아니라 보세요, 젊은이들도 많이 연습하고 있잖아요!!

美英 : 您能教教我们吗?

저희를 가르쳐 주시겠습니까?

张明 : 对, 我也一直想学学呢

네, 저도 계속 배우고 싶었어요.

老人 : 好, 先来学太极拳的基本动作吧。放松身体, 呼吸自然。左脚向左跨出半步, 双脚与肩同宽。

자, 먼저 태극권의 기본 동작을 배워볼까요? 몸에 힘을 빼고, 자연스럽게 호흡하세요. 왼발을 왼쪽으로 반보 정도 내딛어 양발을어깨 너비만큼 벌리세요.

美英 : 什么是"与肩同宽"?

어깨 너비란 무엇인가요?

张明 : 就是跟你的肩膀一样宽。

너의 어깨만큼 넓힌다는 거야.

老人 : 对, 然后双手也保持与肩同宽, 手心向下, 自然向前平举, 慢慢抬起来, 与肩同高。

맞아요, 그다음 두손도 어깨 너비로 유지하고, 손바닥이 아래로 향하여 자연스럽게 앞으로 수평으로 천천히 들어 올려 어깨와 같은 높이를 만드세요.

美英 : "与肩同高"就是和肩膀一样高, 对吧?

어깨 높이는 바로 어깨랑 같은 높이라는 거죠. 맞나요?

老人 : 你学得真快! 现在放松肩部肌肉, 肘关节微微弯曲, 肩和肘都向下沉。

정말 빨리 배우네요! 지금 어깨 근육을 이완시키시고, 팔꿈치 관절이 약간 구부러지고, 어깨와 팔꿈치가 모두 아래로 처졌어요.

张明 : 老师, 您看我做得对吗?

선생님, 제가 잘한 것 같나요?

老人 : 不错, 但是你的手指伸得太直了, 要自然弯曲。接着, 请大家弯曲双腿, 往下蹲, 身体好像坐在一把椅子上。两只手仿佛按在前面的桌子上.

좋아요. 하지만 손가락을 너무 곧게 펴서 자연스럽게 구부려야 해요. 이어, 양쪽 다리를 구부리고 쪼그려 앉으세요. 몸이 마치 의자 위에 앉는 것 같습니다. 두 손은 앞 테이블을 누르는 것 같고.

美英 : 老师, 是这样吗?

선생님, 이렇게요?

老人 : 你再往下蹲一点儿。重心在两腿之间, 这个动作, 我们叫它马步。我再做一遍, 你们仔细看。

좀 더 쪼그리고 앉으세요. 무게 중심이 두 다리 사이에 있습니다. 이 동작을 우리는 기마자세라고 부릅니다. 다시 한 번 할테니 잘 보세요.

张明 : 老师, 您看是这样吗?

선생님, 보세요, 이렇게인가요?

老人 : 注意, 身体不要前倾, 眼睛平视前方。这就是太极拳的基本动作, 下面跟着我, 再做一遍。

(练习几遍以后)

주의하세요. 몸을 앞으로 기울이지 말고, 시선을 앞쪽으로 똑바로 응시하세요. 이게 태극권의 기본 동작이고, 다음은 저를 따라가서 다시 한번 해보세요.

(몇 번 연습한 후)

美英 : 我好像已经学会了, 太高兴了。

마치 이미 할 수 있게 된 것 같아 너무 기뻐요.

张明 : 哪有你想的那么简单, 这得长期练习才行。

네가 생각하는 것처럼 쉬운 게 어딨어. 장기간 연습해야 해.

老人 : 对, 小伙子, 中国的武术种类很多, 你可以从太极拳开始, 慢慢地学习。

그래, 젊은이, 중국의 무술 종류도 많아서, 태극권부터 시작해 천천히 공부해야 해.

美英 : 我已经迫不及待地想学习了。老师, 您是每天都来这儿锻炼吗?

나는 이미 지체 없이 배우고 싶어요. 선생님, 선생님께서는 매일 여기에 와서 연습을 하세요?

老人 : 是的, 除了刮风下雨, 我每天都来。

네, 비바람 부는 거 빼고, 매일 옵니다.

张明 : 那我们以后每天都来跟您学, 可以吗?

그럼 저희가 매일같이 배우러 와도 되겠습니까?

老人 : 当然可以, 我又多了两个学生。

당연히 가능하지요, 2명의 학생이 또 늘었네요.

美英：太棒了，明天早上，我一定准时来。

너무 좋아요, 내일 아침 저는 꼭 제시간에 올게요.

张明：还有我! 我也准时来。谢谢老师，明天早上见!

그리고 저도! 저도 정시에 올게요. 선생님 감사합니다. 내일 아침에 뵙겠습니다!

阅读

中国武术的分类

1. 套路运动

(1) 拳术：徒手演练的套路运动称为拳术。拳术中又包含许多不同的种类，称为拳种。主要的拳种有长拳、太极拳、南拳、形意拳、八卦掌、八极拳、通背拳、劈卦拳、翻子拳、地躺拳、象形拳等等。

(2) 器械：器械套路种类繁多，分为短器械、长器械、双器械、软器械四类。短器械主要有刀、剑、匕首等；长器械主要有棍、枪、大刀等；双器械主要有双刀、双剑、双钩、双枪、双鞭等；软器械主要有三节棍、九节鞭、绳标、流星锤等。

(3) 对练：两个人或两个人以上，按照预定的动作程序进行的攻防格斗套路。

2. 搏斗运动

搏斗运动是两人在一定条件下，按照一定的规则进行斗智较力的对抗练习形式。包括散打、太极推手和短兵三项。

太极拳

太极拳是一种柔和、缓慢、连贯、圆活的拳术。它以掤、捋、挤、按、采、挒、肘、靠、进、退、顾、盼、定为基本运动方法（亦称太极十三势）。在国内外广为流行，以健身修性为主，也是竞赛项目。传统的太极拳有陈、杨、吴、孙、武等式。

第十二课 极限运动
익스트림 스포츠

生词

英尺 yīng chǐ		[양사] 피트.
高空 gāo kōng		[명사] 높은 곳.
坠落 zhuì luò		[동사] 떨어지다. 추락하다.
降落伞 jiàng luò sǎn		[명사] 낙하산.
意外事件 yì wài shì jiàn		의외의 사건.
新西兰 xīn xī lán		[명사] 뉴질랜드.
认证 rèn zhèng		[동사] 인증하다.
跳伞 tiào sǎn	[동사] 낙하산으로 뛰어 내리다. 스카이다이빙하다.
教练 jiào liàn		[명사] 코치.
不可思议 bù kě sī yì		[성어] 상상할 수 없다. 불가사의하다.
后来 hòu lái		[명사] 이후. 그다음.
浆果树 jiāng guǒ shù		[명사] 베리나무.
受伤 shòu shāng		[동사] 다치다. 부상을 당하다.
骨折 gǔ zhé		[명사/동사] 골절(되다).

第十二章
제12장

肺部穿孔 fèi bù chuān kǒng 폐가 천공되다.

幸运 xìng yùn [형용사] 운이 좋다. 행운이다.

肯定 kěn dìng [부사] 확실히. 틀림없이.

危险 wēi xiǎn [형용사] 위험하다.

难度 nán dù [명사] 난이도. 어려운 정도.

挑战性 tiǎo zhàn xìng [명사] 도전성.

速降 sù jiàng [동사] 활강하다. 라펠하다.

滑板 huá bǎn [명사] 스케이트보드.

极限单车 jí xiàn dān chē [명사] 산악자전거.

攀岩 pān yán [명사] 암벽 등반.

空中冲浪 kōng zhōng chōng làng [명사] 스카이서핑.

跑酷 pǎo kù [명사] 프리러닝.

悬崖跳水 xuán yá tiào shuǐ [명사] 암벽 다이빙 (경기).

头晕目眩 tóu yūn mù xuàn 머리가 어지럽고 눈앞이 캄캄하다.

手把手 shǒu bǎ shǒu (기술 등을) 직접 가르치다. 몸소 전수하다.

介意 jiè yì [동사] (유쾌하지 못한 일) 마음에 두다. 개의하다. 신경을 쓰다.

微信 wēi xìn [명사] 위챗. 웨이신.

俱乐部 jù lè bù [명사] 클럽. 동우회. 동호회.

回复 huí fù [동사] 회신하다. 답장하다.

准时 zhǔn shí [형용사] 정해진 시간에. 정각에. 정시에.

美英：你看过跳伞运动员从5000英尺高空坠落的视频吗？

너는 스카이다이빙 선수가 5000피트 상공에서 추락하는 영상을 본 적이 있어?

张明：没有，坠落？他没带降落伞吗？

없어, 추락? 그는 낙하산 안 가져왔어?

美英：是的，他没带降落伞。

응, 그는 낙하산을 안 가져왔어.

张明：什么？是发生了什么意外事件吗？

뭐? 무슨 뜻밖의 사고라도 발생한 거야?

美英：不是啦，他是来自新西兰的经过认证的跳伞教练。

아니야. 뉴질랜드에서 스카이다이빙 코치로 인증받았어.

张明：那也很不可思议啊！他后来怎么样了？他还活着吗？

그것도 상상할 수 없네! 그는 그 후에 어떻게 되었어? 그는 아직 살아 있어?

美英：虽然很令人惊讶，但是他没什么大事，他降落在了一棵浆果树上，救了他的命。

비록 매우 놀랍지만, 그러나 그는 별일 없었어. 그가 베리나무로 떨어져서 목숨을 구했어.

张明：他有没有受伤？

그는 다쳤어?

美英：他只是脚踝骨折和肺部穿孔。

그는 단지 발목 골절과 폐가 천공되었어.

张明 : 那他真的很幸运。我是肯定不会去跳伞的, 你呢?

그 사람은 정말 운이 좋았다. 나는 틀림없이 스카이다이빙을 못 할 거야, 너는?

美英 : 我也觉得像跳伞这样的运动太危险了。

나도 스카이다이빙 같은 운동은 너무 위험하다고 생각해.

张明 : 或者说极限运动听起来都挺危险的。

아니면 익스트림 스포츠를 말하는 것을 듣기만 해도 매우 위험해.

美英 : 到底什么样的运动是极限运动呢?

도대체 어떤 운동이 익스트림 스포츠일까?

张明 : 极限运动是结合了一些难度较高, 且挑战性较大之组合运动项目的
统称。比如说速降、滑板、极限单车、攀岩、空中冲浪、跑酷等等都是
极限运动项目。

익스트림 스포츠는 난이도가 높고, 도전성이 큰 종목들을 합친 용어야. 예를
들어 라펠, 스케이트보드, 산악자전거, 암벽등반, 스카이서핑, 프리러닝 등등 모두 익
스트림 스포츠야.

美英 : 我知道一些, 果然都挺危险的, 而且感觉也都挺难的。

조금은 알고 있는데 역시나 다 위험하고, 다 어려운 느낌이야.

张明 : 现在极限运动是越来越受欢迎啦!

현재 익스트림 스포츠는 점점 더 인기를 얻고 있어.

美英 : 是的, 但是还是看的人多, 玩儿的人少。

응, 하지만 그래도 보는 사람은 많고, 노는 사람은 적어.

张明 : 我就有一些喜欢的极限运动, 但是很少。

내가 좋아하는 익스트림 스포츠가 좀 있지만, 매우 적어.

美英 : 是吗? 比如说呢?

그래? 예를 들면?

张明 : 攀岩是我的一种爱好, 我去国外旅游时也尝试过悬崖跳水, 很有意思。

암벽 등반은 나의 취미 중 하나야. 내가 해외여행을 갔을 때 암벽 다이빙을 해 봤는데, 매우 재미있었어.

美英 : 我也经常想去攀岩, 但我还是不敢。

나도 암벽 등반을 하고 싶지만 엄두가 안 나.

张明 : 为什么?

왜?

美英 : 不要笑话我, 我挺怕高的, 一到高点儿的地方就头晕目眩。

놀리지 마. 난 높은 곳이 무서워. 높은 곳만 가도 어지럽고 눈이 어지러워.

张明 : 难怪你害怕极限运动啦。

어쩐지 네가 익스트림 스포츠를 무서워하더라.

美英 : 不过如果你肯手把手教我的话, 可能我就不那么害怕了, 嘿嘿!

하지만 만약 네가 직접 가르쳐준다면 난 덜 무서워질지도 몰라, 헤헤!

张明 : 那这个周末你有什么打算吗?

그럼 이번 주말에 무슨 계획이 있어?

美英 : 我还没有任何计划呢, 难道……

난 아직 아무 계획도 없는데 설마...

张明 : 是的, 这周六我早就和同学约好了去攀岩。

맞아, 이번 주 토요일에 암벽등반을 하기로 약속했어.

美英 : 这么巧? 那么你们介意带上我这个新手一起去吗?

이런 우연이? 그럼 초보자인 나를 데리고 가도 괜찮겠어?

张明 : 我是肯定不介意呀, 但是我还是先问问我的同学, 等他回复我了我就告诉你。我现在就给他发微信。

나는 분명히 개의치 않겠지만, 그래도 먼저 동기에게 물어보고, 답이 오면 바로 너에게 알려줄게. 나는 지금 그에게 위챗을 보낼게.

美英 : 好的, 太感谢了。那么周六我请你们吃串串吧!

좋아, 너무 고마워. 그럼 토요일에 내가 꼬치구이를 사줄게!

张明 : 别这么客气啦, 反正都是一起玩。

별말씀을, 아무튼 같이 놀자.

美英 : 那我需要准备些什么吗?

그럼 뭘 준비해야 돼?

张明 : 不用, 俱乐部里什么东西都有。你穿好适合运动的服装就可以。

필요 없어, 동호회에 뭐든지 다 있어. 운동에 적합한 복장이면 돼.

美英 : 好的, 明白啦!

응, 알겠어!

张明 : 我同学回复我了, 他也说没问题, 那我们周六上午九点见吧, 早点去人比较少。

동기가 답장을 해 주었는데 괜찮다고 해. 그럼 토요일 오전 9시에 만나자. 일찍 가야 사람이 비교적 적어.

美英 : 收到! 那周六准时见啦。

받았어! 그럼 토요일 정각에 만나자.

极限运动的流行原因

极限运动是由多项成型运动项目以及游戏、生活和工作中的各种动作演变来, 参与人群以年轻人为主的高难度观赏性体育运动。人类在与自然的融合过程中, 借助于现代高科技手段, 最大限度地发挥自我身心潜能, 向自身挑战的娱乐体育运动。它带有冒险性和刺激性, 除了追求竞技体育超越自我生理极限 "更高、更快、更强" 的精神外, 更强调参与、娱乐和勇敢精神, 追求在跨越心理障碍时所获得的愉悦感和成就感, 同时, 它还体现了人类返璞归真、回归自然、保护环境的美好愿望, 因此已被世界各国誉为 "未来体育运动"。

CX——中国的极限运动

CX的全称 "CHINA X-GAME", 由中国极限运动协会首届举办于1999年, 是中国极限运动的权威赛事, 是极限运动专业人才以及广大爱好者的嘉年华盛会。一些社会学家的调查、研究极限运动的结果显示 : 站在世纪之交竞争日益残酷的门坎前, 面临着信息爆炸的知识经济时代, 现代人的生活节奏变得越来越快, 工作压力越来越大, 生活空间越来越小......现实的环境使得现代人应接不暇, 持续的、不断增多的刺激, 使人的感觉域限也不断提高。原来的感觉不强烈了, 已不能适应人类的追求了。

从二十世纪七十年代的交谊舞，八十年代的迪斯科，到九十年代的保龄球、桑拿浴，都已经不能满足人们日益增长的感觉需求水平。一方面，人们更加需要寻求刺激、发泄压力、释放能量，另一方面，对于一般性的刺激、享受，人们习以为常、不足为奇。这时，人们便开始追求更为强烈的刺激，从而获得所需要的感觉和唤醒。而极限运动的兴起，正好满足了人类的这一需求。人类在自然的怀抱中创造了文明，文明却正在使人类远离自然。也许是人类在远离自然的文明世界生活得太久了，在都市文明所带来的便捷中逐渐陷入身心的慵懒之后，便开始渴望回归自然。

按捺不住心情的都市新潮一族，首选渴望冲出都市文明的封锁，去和自然对话，还原人类作为大自然中一员的本色，表现人类最本质的能力。极限运动的兴起，正好满足了人类的这一需求。此外，与传统体育项目（包括奥运会项目）相比，极限运动更富有超越身心极限的自我挑战性、观赏刺激性、高科技渗透性、商业运作性。

当体育的本质越来越被金钱的光芒掩盖时；众多奥林匹克运动项目也逐渐被众多的问题困扰，作假、黑哨、兴奋剂、贿赂丑闻等等不一而足；体育运动愉悦身心、完善人性、回归自然的本质被逐渐淡化；体育精神遭受到空前的质疑与信任危机。然而在广大民众视线之外的非主流运动项目中，却潜藏着一股回归自然、融入自然、挑战自我，达致"天人合一"思想境界的清流——极限运动，在欧美各国及各发展中国家，悄然成为都市青年最流行、最持久的时尚运动，参加极限运动会已成为广大都市青年梦寐以求的愿望。

极限运动的兴起，使人们逐步离开传统的体育场馆，走向荒野，纵情于山水之间，向大自然寻求人类生存的本质意义。只身户外，以冒险形式所展现的极限运动成了人们超越自我、挑战极限的空间：水上摩托和冲浪运动，让您充分体验在蓝天碧水间风驰电掣、搏击海浪的潇洒；白浪蛮牛、激流皮划艇和白水漂流让您在万流奔腾中历经一泻千里、惊涛骇浪的激越；蹦极跳、攀岩运动又使您感受到了"跃向重力、扶摇直下"的惊险；山地自然这个博大精深、美丽而凶险的演练场里，我们抛弃了现代文明带来的舒适与慵懒，拥有了与自然共存的能力，充分体会到一种回归人的本性与初衷、检验人的智慧与力量的乐趣。

第十三章
제13장

滑雪运动
스키 운동

生词

跳绳	tiào shéng	[명사/동사] 줄넘기(를 하다).
慢跑	màn pǎo	[명사] 조깅. 천천히 달리기.
温和	wēn hé	[형용사] 온화하다. 부드럽다.
滑雪	huá xuě	[명사/동사] 스키(를 타다).
协调	xié tiáo	[동사] 조정하다. 조화시키다.
受伤	shòu shāng	[동사] 다치다. 부상을 당하다.
平坦	píng tǎn	[형용사] 평탄하다. 평평하다.
宽阔	kuān kuò	[형용사] 넓다. 드넓다.
动作要领	dòng zuò yào lǐng	동작 요령.
滑雪板	huá xuě bǎn	[명사] 스키.
转弯	zhuǎn wān	[동사] 모퉁이를 돌다.
冰雪运动	bīng xuě yùn dòng	[명사] 빙설 운동.
滑冰	huá bīng	[명사] 스케이팅.
冰球	bīng qiú	[명사] 아이스하키.

冰壶 bīng hú		[명사] 컬링.
雪车 xuě chē		[명사] 봅슬레이.
雪橇 xuě qiāo		[명사] 스켈레톤.
速度滑冰 sù dù huá bīng		[명사] 스피드 스케이팅.
悠久 yōu jiǔ		[형용사] 유구하다. 장구하다.
体力 tǐ lì		[명사] 체력. 힘.
节奏 jiē zòu		[명사] 리듬. 템포.
跳跃 tiào yuè		[동사] 뛰어오르다. 도약하다. 점프하다.
旋转 xuán zhuǎn		[명사] 회전.
步法 bù fǎ		[명사] 보법. 발놀림. 풋워크.
托举 tuō jǔ		[동사] (손바닥이나 다른 물건으로) 받쳐 들다.
花样滑冰 huā yàng huá bīng		[명사] 피겨 스케이팅.
单人滑 dān rén huá		[명사] 싱글 피겨스케이팅.
双人滑 shuāng rén huá		[명사] 페어 스케이팅.
平衡 píng héng		[명사] 평형. 균형.
柔韧性 róu rèn xìng		[명사] 유연성.
装备 zhuāng bèi		[명사] 장비.

对话

美英 : 天气太冷了，每天待在家里都不想出来。

　　　 날씨가 너무 추워서 매일 집에 있자니 나오기가 싫어.

张明 : 是吗? 最近没有运动吗?

　　　 그래? 요즘 운동 안 해?

美英 : 最近很少运动。加上天冷, 吃得还多, 我感觉又胖了很多。

요즘 운동을 잘 안 해. 날씨가 추운데다 많이 먹으니까 살이 더 찐 것 같아.

张明 : 其实, 冬天也有很多适合运动的方式, 比如, 跳绳、慢跑、爬楼梯、太极拳……这些运动相对温和, 又强身健体, 是不错的选择。

사실 겨울에도 운동하기 좋은 것들이 많아. 예를들어 줄넘기, 조깅, 계단 오르기, 태극권 등. 이 운동들은 상대적으로 부드럽고 몸을 건강하게 해서 괜찮은 선택이야.

美英 : 听着是不错, 可我还是懒得动。但我喜欢下雪天出来活动活动。

듣기는 괜찮은데, 움직이기가 귀찮아. 하지만 나는 눈 오는 날 나와서 활동하는 것을 좋아해.

张明 : 那你可以滑雪呀, 冬天最必不可少的一项运动就是滑雪。

그럼 너는 스키를 탈 수 있어. 겨울에 꼭 필요한 운동 중 하나가 스키야.

美英 : 我也喜欢滑雪, 但我身体的协调性不好, 害怕受伤, 怎么办?

나도 스키를 좋아해, 하지만 몸의 조화성이 안 좋고, 다칠까봐 무서워, 어쩌지?

张明 : 初学的时候应该在平坦宽阔一点儿的地方练习, 而且要戴好护具。

처음 배울 때는 평평하고 넓은 곳에서 연습하고 보호대를 착용해야 해.

美英 : 我看别人滑雪的时候, 好像要飞起来一样, 确实很帅啊! 真羡慕!

다른 사람이 스키를 타는 걸 보니, 마치 날아오를 것 같아. 정말 멋있어! 정말 부럽다!

张明 : 滑雪也是有很多动作要领的。比如, 如何用滑雪板, 如何转弯等。

스키도 동작 요령이 많아. 예를들어 스키판을 어떻게 사용하는지, 코너를 어떻게 돌지 등.

美英：北京2022年的冬奥会，滑雪也是比赛项目吧？

베이징 2022년 동계 올림픽에서 스키도 경기종목이지?

张明：当然了！正好，我这里刚制作了一个冬奥会项目的图片展，先给你普及一下冰雪运动的常识吧！

당연하죠! 마침 동계 올림픽 종목의 사진전을 만들었는데, 우선 빙설 운동에 대한 상식부터 알려줄게!

美英：太好了！

매우 좋아!

张明：冬奥会比赛项目有7个大项：滑雪、滑冰、冰球、冰壶、雪车、雪橇、冬季两项。这些项目都与冰雪有关。

올림픽 경기 종목은 스키, 스케이트, 아이스하키, 컬링, 봅슬레이, 스켈레톤, 바이애슬론 등 7개 종목이야. 이 종목들은 모두 얼음과 관련이 있어.

美英：这么多啊，我只知道滑雪和滑冰，其它的就不了解了。

이렇게 많구나, 스키와 스케이트만 알지, 다른 건 잘 몰라.

张明：先说最常见的吧，比如，这是速度滑冰，简称速滑，是滑冰运动中历史最悠久，开展最广泛的项目。

가장 흔한 것부터 얘기하자. 예를 들면, 이것은 스피드스케이팅이고, 빙설 운동 중 역사가 가장 깊고, 가장 광범위한 종목으로 전개돼.

美英：速滑，它的最大特点是速度快吧。

스피드스케이팅, 그것의 가장 큰 특징은 속도가 빠르다는 거지.

张明：对，速度滑冰赛道长，速度快。如果是长距离比赛如5000米、10000米，就不只是比速度了，还要比谁能更好地分配体力，所以节奏也很重要。

맞아, 스피드스케이팅은 코스가 길고 빨라. 만약 장거리 경기 5000m, 10000m 라면, 속도뿐 아니라 누가 더 체력을 잘 배분하느냐에 따라 결정되고, 리듬도 매우 중요해.

美英：这几张图片我知道，是花样滑冰，太美了，一般人可做不了。

이 몇 장의 사진을 알고 있는데, 피겨 스케이팅이야. 너무 아름다워서 보통 사람들은 할 수 없어.

张明：是的，它的技术动作很多，包括跳跃、旋转、步法、托举等，必须经过专业训练才行。

맞아. 점프, 회전, 스텝, 받쳐 올리는 등 기술적인 움직임이 많아 전문적인 훈련을 거쳐야 해.

美英：我喜欢花样滑冰是因为它又有力量美、姿态美，还有音乐美。

내가 피겨를 좋아하는 이유는 힘과 자세, 그리고 음악적 아름다움 때문이야.

张明：说得不错呀，所以才有很多人和你一样喜欢看花样滑冰。

맞는 말이야, 그래서 많은 사람들이 너와 같이 피겨를 즐겨 보는 구나.

美英：我觉得最好看的是男女两个运动员表演的花样滑冰。

나는 남녀 두 선수가 펼치는 피겨스케이팅이 가장 재미있다고 생각해.

张明：那叫双人滑。花样滑冰有单人滑、双人滑、冰上舞蹈等项目，可以说各有各的特色，各有各的美。

그것을 페어 스케이팅이라고 하는데, 피겨 스케이팅은 싱글, 페어, 아이스댄스 등의 종목이 있어서 각각의 특색이 있고 각각의 아름다움이 있다고 말할 수 있어.

美英：听你介绍了这么多，我决定一定要去现场看冬奥会了，那看起来才过瘾呢。

이토록 많이 소개해 줬는데, 나는 반드시 현장에 가서 동계 올림픽을 봐야겠어. 그것이야말로 신나는 일인 것 같아.

张明 : 别光看不练。我总结一下吧, 滑雪呢, 可以锻炼到全身各部位, 提高身体的平衡能力、协调能力和柔韧性, 是一项非常好的运动项目。

그냥 보지만 말고. 내가 정리할게, 스키는, 온몸의 각 부위까지 운동할 수 있고, 몸의 균형능력, 조화능력, 유연성을 높일 수 있는 아주 좋은 운동 종목이야.

美英 : 好的, 听你的。那我们约好这个周末一起去滑雪场试试吧, 怎么样?

좋아, 너말 들을게. 그럼 이번 주말에 같이 스키장에 가는거 어때?

张明 : 好啊, 不过我们得先买套装备。

좋아. 하지만 우리는 먼저 장비를 사야겠어.

美英 : 行, 现在就去买, 马上行动!

그래, 지금 사러 가자, 바로 움직이자!

阅读

冬季运动

冬季运动是指在天然或人工冰雪场地借助各种装具进行的体育运动。冬季运动项目通常分为冰上运动和滑雪运动两大类。

冰上运动包括短道速滑、速度滑冰、花样滑冰、冰球和冰壶等。

滑雪运动包括自由式滑雪、冬季两项、越野滑雪、跳台滑雪、北欧两项（越野滑雪、跳台滑雪）、无舵雪橇、有舵雪橇、钢架雪车(俯式冰橇)、单板滑雪和高山滑雪等。

北京2022年冬奥会比赛项目

1. 7个大项

滑雪、滑冰、冰球、冰壶、雪车、雪橇、冬季两项。

2. 15个分项

高山滑雪、自由式滑雪、单板滑雪、跳台滑雪、越野滑雪、北欧两项、短道速滑、速度滑冰、花样滑冰、冰球、冰壶、雪车、钢架雪车、雪橇、冬季两项。

3. 109个小项

北京2022年冬残奥会比赛项目

包括6个大项(残奥高山滑雪、残奥冬季两项、残奥越野滑雪、残奥单板滑雪、残奥冰球、轮椅冰壶)和78个小项。

第十四章
제14장

其他项目和民间体育
기타 종목과 민간 스포츠

生词

夜跑	yè pǎo	[명사] 저녁 런닝.
广场	guǎng chǎng	[명사] 광장.
招呼	zhāo hu	[동사] 인사하다.
师母	shī mǔ	[명사] 사모. 사모님.
打算	dǎ suan	[동사] …하려고 하다. …할 작정이다.
各自	gè zì	[대명사] 각자. 제각기.
广场舞	guǎng chǎng wǔ	[명사] 광장무. 광장춤.
以前	yǐ qián	[명사] 이전.
户外	hù wài	[명사] 실외. 야외.
舞会	wǔ huì	[명사] 무도회.
不好意思	bù hǎo yì si	부끄럽다. 쑥스럽다.
打扰	dǎ rǎo	[동사] 폐를 끼치다.
方式	fāng shì	[명사] 방식. 방법.
五禽戏	wǔ qín xì	[명사] 오금희.

踢毽子 tī jiàn zi	[동사] 제기를 차다.
中国通 zhōng guó tōng	[명사] 중국통. 중국 전문가.
自夸 zì kuā	[동사] 스스로 자랑하다. 뽐내다.
谦虚 qiān xū	[형용사] 겸손하다. 겸허하다.
射击 shè jī	[명사/동사] 사격(하다).
直播 zhí bō	[동사] 실황 중계하다. 생중계하다.
尤其 yóu qí	[부사] 특히. 더욱.
体育迷 tǐ yù mí	[명사] 스포츠 팬.
骄傲 jiāo ào	[명사] 자랑. 긍지.
佩服 pèi fú	[동사] 감탄하다. 탄복하다.
小意思 xiǎo yì si	[명사] 사소한 것. 별것 아닌 것.
尊敬 zūn jìng	[명사/동사] 존경(하다).
日复一日 rì fù yí rì	연일. 하루 또 하루.
辛苦 xīn kǔ	[형용사] 고생스럽다. 수고롭다.

对话

(张明和美英夜跑后在校外广场上, 看见王教授的妻子。)

(장명과 미영이 저녁 러닝 학교 밖 광장에서 왕 교수님의 아내를 보았다.)

美英 : 你看那个人, 是不是王教授的妻子呀?

저 사람 좀 봐봐. 왕 교수님의 아내 맞지?

张明 : 好像是, 我们过去打个招呼吧?

그런것 같아. 우리 가서 인사 할까?

美英 : 走吧!

　　　가자!

张明 : 师母, 晚上好。

　　　사모님, 안녕하세요.

美英 : 师母, 晚上好。

　　　사모님 안녕하세요.

师母 : 你们好啊, 散步吗?

　　　안녕, 산책중이니?

张明 : 我们刚刚夜跑完, 正打算走一走然后各自回学校呢。

　　　저희는 방금 저녁 러닝을 마치고 각자 학교로 돌아가려던 참이었어요.

美英 : 师母在这儿干嘛呀?

　　　사모님 여기서 뭐 하세요?

师母 : 一会儿和几个朋友约好了一起跳舞。

　　　이따가 친구 몇 명과 함께 춤을 추기로 했어.

美英 : 是一起跳广场舞吗?

　　　함께 광장춤을 추는 건가요?

师母 : 对啊, 想不到你也知道"广场舞"呀!

　　　맞아, 너도 광장춤을 알 줄은 몰랐어!

美英 : 我以前还真不知道, 我还以为是什么户外的舞会呢! 后来看得多了才明白。不过为什么没有什么年轻人呢?

저도 예전에는 몰랐어요. 저는 무슨 야외 무도회인 줄 알았어요! 나중에 많이 보고 알았어요. 그런데 왜 젊은 사람들은 없을까요?

师母 : 年轻人没有什么时间, 对这个也不感兴趣。

젊은이들은 시간이 별로 없고, 이것에도 흥미가 없어.

美英 : 我倒是挺感兴趣的呀!

저는 그래도 매우 흥미가 있어요!

张明 : 哟吼! 那你为什么没有一起跳舞啊?

요호! 그런데 왜 같이 춤을 안 췄어?

美英 : 我不是不好意思嘛!

내가 부끄러워서 그런거지!

师母 : 那你就跟着我一起跳呗。

그럼 나랑 같이 춰보자.

美英 : 谢谢师母。今天已经夜跑了, 我明天这个时候来这里找您, 您再带我一起跳可以吗?

사모님 감사합니다. 오늘 이미 저녁 러닝을 해서 내일 이맘때쯤 찾아오겠습니다. 같이춤추실 수 있으세요?

师母 : 没问题。

문제 없어.

张明 : 那我们就不打扰师母啦! 我们先走了!

그럼 사모님 방해하지 않겠습니다! 저희 먼저 갈게요!

美英 : 我发现中国人锻炼身体的方式真的很多。

중국인들은 몸을 단련하는 방식이 정말 많은 것 같아.

张明 : 对呀，除了"广场舞"之外，还有很多人会打"太极拳""五禽戏"啊，跳绳啊，踢毽子啊等等。

맞아, 광장춤 말고도 많은 사람들이 태극권, 오금희, 줄넘기, 제기차기 등등할 줄 알아.

美英 : 你信吗？我踢毽子踢得还不错哦!

너 믿어? 나 제기차기 잘하는데!

张明 : 我信啊，为什么不信？你就是一个"中国通"啊!

믿지, 왜 안 믿니? 네가 바로 '중국통' 이잖아!

美英 : 本来想自夸，被你这么一说，反而变得不好意思了。嘿嘿!

자랑하려고 했는데, 네가 이렇게 말하니까 오히려 쑥스러워졌어. 헤헤!

张明 : 你就别谦虚啦! 话说，我们赶紧回去吧？我想起来今天有大学生运动会的射击比赛的决赛，我想看直播。

겸손하게 굴지 마! 그나저나 우리 서둘러 돌아갈까? 나 오늘 대학생 체육대회 사격경기의 결승전이 있는게 생각났어. 생방송을 보고 싶어.

美英 : 好的。你还喜欢看射击比赛吗？

좋아. 사격 경기 보는 거 좋아해?

张明 : 一般来说，有时间的话，只要有比赛，非看不可。尤其是有我欣赏的运动员参加的比赛。

일반적으로 시간이 있으면 경기가 있다면 꼭 봐야 해. 특히 내가 좋아하는 선수가 출전하는 경기라면.

美英 : 你可真是个十足的"体育迷"。

　　　　넌 정말 대단한 스포츠팬이야.

张明 : 哈哈, 是的。说起射击比赛, 韩国有不少非常厉害的运动员吧?

　　　　하하, 그렇지. 양궁하면 한국에는 대단한 선수들이 많지?

美英 : 我知道的有朴成贤还有张慧珍, 其实好像还有很多选手, 一下子记不清了。他们可都是我们大韩民国的骄傲啊。

　　　　박성현, 장혜진 선수도 있는 걸로 알고 있는데, 사실 선수가 많은 것 같아서 기억이 잘 안 나. 그들은 모두 우리 대한민국의 자랑이야.

张明 : 确实不得不佩服, 对了! 还有奇甫倍, 她可真是太厉害了! 9环对于她来说都是小意思。

　　　　정말 감탄하지 않을 수 없어. 맞다! 그리고 기보배, 그녀는 정말 대단해! 9점 모두 그녀에게 별거 아닌 거였어.

美英 : 这位也是大韩民国的骄傲呢!

　　　　이분도 대한민국의 자랑거리야!

张明 : 每一位运动员都非常值得尊敬, 他们的成功都是由日复一日的辛苦训练换来的。

　　　　선수 한 사람 한 사람 모두 매우 존경받을만 해. 그들의 성공은 하루하루의 고된 훈련에서 나온 거야.

美英 : 没错! 瑞思拜!

　　　　그렇지! 대단해!

张明 : 你可真的是越来越像中国人了。

　　　　너 정말 갈수록 중국인을 닮아가고 있네.

美英 : 我学习能力还不错吧! 好了, 我走这边了。下次再见吧!

내가 배우는 능력이 괜찮지! 됐어, 이쪽으로 갈게. 다음에 또 만나!

张明 : 再见!

잘가!

广场舞简介

　　广场舞是舞蹈艺术中最庞大的系统, 因多在广场聚集而得名, 融自娱性与表演性为一体, 以集体舞为主要表演形式, 以健身为主要目的。包括佳木斯舞步、坝坝舞、水兵舞等。

　　广场舞是居民自发地以健身为目的在广场、院坝等开敞空间上进行的富有韵律的舞蹈, 通常伴有高分贝、节奏感强的音乐伴奏。

　　广场舞在公共场所由群众自发组织, 参与者多为中老年人, 其中又以大妈居多。广场舞是非专业舞者创造的舞蹈, 是专属于普通大众的舞蹈, 因为民族的不同, 地域的不同, 群体的不同所以广场舞的舞蹈形式也不同。

广场舞是人们普遍参与的健身舞, 舞蹈元素多种多样, 包括民族舞、现代舞、街舞、拉丁舞等等。

　　舞蹈是历史最悠久的艺术形式。舞蹈早在人类语言还未产生以前, 人类就利用舞蹈来交流感情, 庆祝胜利。在历史的长河中, 人民群众创造了广场舞蹈, 发展了广场舞蹈, 使这一民间艺术之花深深扎根于广大群众的社会生活之中。

　　广场舞的功能和表演区域发生重大变化, 从中华人民共和国成立以来, 党和政府非常重视民众文化的建设和发展。特别是进入20世纪90年代以后, 政府在县级以上城市建立了许多文化广场。随着社会的不断进步和发展, 广场文化作为一种社会文化现象、广场文化重要表现形式的广场艺术, 已经越来越受到人们的关注。广场舞正在悄然发生大的变化,广场舞从乡村走进城市,成为城市文化建设不可缺少的内容。

在中国各地从早到晚,都能看到广场舞爱好者。就拿山西来讲,县县都有自己的广场舞蹈,村村都有广场舞蹈活动,而且连续举办了多届广场艺术节,舞蹈节目中更是出现了民间舞,芭蕾舞,现代舞等等。这些舞蹈都非常适合广场表演。所以广场舞蹈在中国乃至世界上都是一个非常重要的艺术形式。广场舞可以健身,娱乐,是一项很好的体育运动项目。这一民间艺术之花深深扎根于广大群众的社会生活之中,代代传承,世代相沿,久盛不衰。

当代广场舞融入现代舞蹈的意识、行为和形式,从而形成具有现代广场舞蹈的风格。21世纪的广场舞,已经被越来越多的不同年龄层次的人肯定,大家都开始关注自己的健康,年轻人和老年人的互动也为广场舞增加了许多的乐趣。广场舞作为在现代城市广场发展的产物,不仅是一种文化现象,更成为了一种值得关注的社会现象。它一方面反映着城市社区的完善程度,一方面体现着社会主义制度下的生活满意度,是精神文明建设的一个重要指标和象征。

据澳洲网报道,澳大利亚维州霍舍姆地区的245人,通过跳"集体广场舞"打破了一项世界吉尼斯纪录,他们5分15秒的表演成为世界上最多人集体演绎美国歌手Tina Turner的《Nutbush City Limits》歌曲的新纪录。

霍舍姆议员马克·雷德福(Mark Radford)近日收到一封祝贺信,上面写道在2015年 11月,由当地254名舞者一同演绎的《Nutbush City Limits》集体舞打破了世界纪录。据悉,这些舞者中年龄最大的为90岁,最小的为6岁。

荆州动起来是一个风靡全荆州的广场舞,由市长李建明亲自拟名,由湖北省音乐家协会副主席、荆州市音乐家协会主席、长江大学艺术学院院长董焰教授作曲,湖北省音乐家协会会员、荆州市音乐家协会顾问林富源作词。并于2014年10月8日打破了史上最大规模的集体健身舞吉尼斯纪录。

广场舞需要较大场地,舞者大多数在广场及居民区跳舞。由于广场舞节奏感强,分贝大,歌曲大多数是中老年喜爱的歌曲,因此严重干扰居民日常生活。音箱噪音严重影响居民身心健康,给广大正常群众带来严重困扰,不给别人添麻烦应该成为素质体现的一部分。